# 爸爸
# 积极养育
# 才算爱

辽宁人民出版社

ⓒ 喆妈　2021

**图书在版编目（CIP）数据**

爸爸积极养育才算爱 / 喆妈著 . —沈阳：辽宁人
民出版社，2021.11
ISBN 978-7-205-10291-3

Ⅰ . ①爸⋯ Ⅱ . ①喆⋯ Ⅲ . ①家庭教育 Ⅳ . ① G78

中国版本图书馆 CIP 数据核字（2021）第 193728 号

---

出版发行：辽宁人民出版社
　　　　　地址：沈阳市和平区十一纬路 25 号　邮编：110003
　　　　　电话：024-23284321（邮　购）024-23284324（发行部）
　　　　　传真：024-23284191（发行部）024-23284304（办公室）
　　　　　http://www.lnpph.com.cn
印　　　刷：三河市三佳印刷装订有限公司
幅面尺寸：170mm × 240mm
印　　张：16
字　　数：240 千字
出版时间：2021 年 11 月第 1 版
印刷时间：2021 年 11 月第 1 次印刷
责任编辑：蔡　伟　贾　勇
装帧设计：胡椒书衣
责任校对：吴艳杰
书　　号：ISBN 978-7-205-10291-3

---

定　　价：49.80 元

　　时间是回忆的塑造者，也是情感养成的必备条件。孩子的童年是短暂的，转眼间你会发现孩子已经长大。为了不留遗憾，父亲不妨从此时此刻开始放慢脚步，用心和智慧去陪伴孩子、教育孩子、爱孩子，做好孩子童年的守护者和指引者。

　　随着社会压力的增大，父亲总是以"工作忙""压力大"为理由，缩减陪伴孩子的时间，认为只要自己为孩子创造足够丰富的物质生活条件，就能让孩子感知到伟大的父爱，殊不知良好的物质生活并不能代替父爱。很多时候，孩子需要的是父亲耐心的陪伴，而不是父亲给予的物质享受。

　　在陪伴孩子的过程中，如果父亲愿意付出，就一定会收获满满。陪伴孩子是一门学问，正确陪伴孩子成长，父爱会成为孩子心目中的暖阳。爸爸不能缺席孩子的教育，面对与孩子的冲突，父亲要冷静应对，千万不要暴躁地对待孩子，吼骂只会让孩子口服心不服。如果父亲将孩子当作"出气筒"，将自己的负面情绪带到生活中，势必会影响亲子之间的感情。与孩子相处，父亲也不能实施软暴力，要尊重孩子，给足孩子"面子"。尤其是在孩子犯错之后，一定要照顾到孩子的心情，要做到就事论事，不要翻旧账，更不要扩大孩子的错误，给孩子制造恐慌感。真正爱孩子的父亲不会对孩子进行消极比较来伤害孩子的自尊心，而是通过积极地沟通，了解孩子的情绪变化。不仅如此，还要通过亲子互动，让孩子感受到父爱的力量和伟大，从而让孩子从心底里尊重父亲。

孩子如同一片叶子，每片叶子上的叶脉都是不一样的，每个孩子也是不一样的。因此，父亲要善于包容孩子的与众不同，这里的与众不同包含孩子的缺点，诚恳地接受孩子的"不完美"，保持童心，别误解孩子的善心。多用赞美的语言鼓励孩子，帮助孩子获得自信。

父亲陪伴孩子，不仅仅是站在孩子面前、坐在孩子面前做自己的事情，而是要在孩子遇到困难时，设身处地地给予孩子一定的指导，在孩子需要帮助的时候能够及时"挺身而出"，在孩子成功的时候，能够及时遏制孩子自满的心理。父亲需要培养孩子的情商，让孩子懂自爱、有自尊，理解孩子的内心，与孩子共情，从而获得孩子的信任。

一位优秀的爸爸能够感知孩子的心理变化，了解孩子的情绪变化，挖掘孩子情感背后的真相，搭建与孩子沟通的桥梁。这本书从如何正确陪伴孩子，到如何培养孩子的爱商、情商、逆商等方面，详细阐述了陪伴孩子的技巧，帮助父亲利用有限的精力和时间去深度陪伴孩子，让孩子在成长的过程中充分感知到父爱的伟大，从而让父子、父女的感情更加深厚。

# 目录

## 第六章
# 用心包容，接纳孩子的"不完美"

## 第七章
# 善言美语，越鼓励孩子越懂你

## 第八章
# 授业解惑，做熊孩子心中的高人

## 第九章
# 爱商教育，让孩子更懂珍惜与感恩

## 第十章
# 共情养育，理解孩子行为背后的情感

第一章

正确陪伴，
父爱是及时存在的暖阳

# 孩子的成长，爸爸不能缺位

很多爸爸习惯性地认为自己只管在外工作赚钱就好了，家里的一切似乎和自己没有关系，甚至对于孩子的教育也想当然地认为是妻子的事情。因此，爸爸陪孩子做游戏、学习，这样的场景在很多家庭都很难出现，只有少部分孩子会说爸爸带自己出去玩、爸爸经常陪自己，这让很多家长不禁心里一紧，为什么爸爸不能经常陪伴孩子呢？难道爸爸真的忙得没有时间陪伴孩子吗？

从学校老师的反馈中，我们也能够发现，无论是给孩子开家长会，还是参加学校的亲子活动，多半都是妈妈陪伴孩子，只有极少数的家庭是爸爸来学校参加活动。很多爸爸很少关注孩子的成长，在孩子成长中投入的精力不够，这是很常见的事情。暂且不论在家庭教育中父爱缺失会给孩子带来多少不好的影响，就单方面可能对孩子造成的心理影响来说，也绝对不是我们能猜想到的。

那么，究竟是什么原因导致爸爸陪伴孩子的时间减少、爸爸教育缺位的呢？

一方面，很多父母的传统社会角色观念依然很重，认为"男主外，女主内"是正常的，在社会上男女角色本就存在一定的差别，不少家庭一直保持着爸爸赚钱养家，妈妈在家照顾孩子的传统，正是这种传统思想的影响，使得不少爸爸将教育孩子的责任完全推给了妈妈，认为教育孩子的事情只要妈妈去做就可以了。另一方面，爸爸缺乏教育孩子的经验，导致很多爸爸不愿意参加到教育孩子的行列中，爸爸认为妈妈更了解孩子的学习和生活，既然家里有一个人可以做，自己也就没有必要插手了。

### 爸爸带娃实例

在一则网文中，讲述了这样一个故事：一个小男孩傻傻地坐在地上，站在他面前的是他的父亲。父亲因为工作的原因，已经四年没回家了，而小男孩看到父亲就如同看到了陌生人。妈妈冲着小男孩喊道："快喊'爸爸'呀，爸爸回来了。"

小男孩没有急迫地去拥抱爸爸，而是试探性地走到爸爸身边。在他的印象中，爸爸的个子很高，但这种印象也只是停留在印象中。

在接下来的几天时间里，爸爸试图去陪小男孩做游戏，他总是拒绝。爸爸带他去爬山，他却胆怯得不敢走陡峭的阶梯，甚至在爬山的时候需要拉着大人的手才敢向上爬。

几天后，爸爸以为自己和孩子的关系拉近了，但是到了晚上，男孩还是拒绝爸爸给自己讲故事陪自己睡觉，他还是要找妈妈。即便是白天上学，他也不让爸爸送。

过了一周，爸爸又要离开家外出工作，男孩没有不舍和伤心，而是问爸爸："您走了，妈妈是不是还在家？"

当孩子知道爸爸一个人离开时，他似乎松了口气，因为在他的内心世界里，只要妈妈陪伴在自己的身边就足够了。

看完这则故事，我们不难发现，爸爸在教育孩子的过程中，不能时常陪伴孩子，亲子关系自然会受到很大的影响，最终，孩子会习惯性地将爸爸排除在家庭之外。不仅如此，这对孩子的成长也是十分不利的。

### 爸爸带娃妙招

北京大学一位教育专家经过研究发现，在家庭中，父亲对孩子的陪伴和教育是至关重要的，如果只有母亲的陪伴而没有父亲的陪伴，那么，我们就可以称之为"丧偶式家庭教育"，这样的教育是不健全的，对孩子的成长也是有百害而无一利的。

**1.父亲教育缺位很容易让孩子敏感，缺少安全感。**

出于男性的胆略，父亲会给孩子带来安全感，而一个家庭中如果爸爸缺位，很容易让孩子感受不到安全感，久而久之孩子的内心会变得敏感。在孩子的内心中，父亲是一个高大伟岸的角色，而父亲的陪伴会让孩子的性格变得豁达。

**2.让孩子缺乏责任感。**

教育孩子是父母的责任，对于父亲来讲，在家庭教育方面应该占主导地位，在一个完整的家庭中，父亲的作用是相当大的。在每个孩子的心中，父亲都如同英雄一般，如果一个父亲没有了担当，没能陪伴孩子成长，这会让孩子认为父亲是一个可有可无的存在。那么孩子在长大之后，便会重蹈覆辙，这对他们的家庭、事业来说都是有百害而无一利的，所以父亲一定要多参与孩子的成长，孩子才会认为父亲是一个有责任、有担当的人，孩子也会效仿父亲，长大后变成有责任心的人。

**3.父亲的缺位会让孩子变得胆小懦弱。**

因为母亲陪伴孩子成长的时间过长，孩子往往会被女性身上的柔弱特质所吸引，这样一来孩子也会变得胆小柔弱，尤其是男孩，他们会缺乏男子汉气概。但是如果父亲有足够的时间去陪伴孩子，便会将身上阳刚、勇敢的性格特征传染给孩子，孩子自然也会变得勇敢、做事果断。

### 4.父亲缺位对孩子智力也会产生影响。

孩子的心智是随着年龄慢慢成熟的，一个孩子如果想要健康成长，仅仅靠母亲一个人的努力是不够的，缺乏父亲陪伴的孩子，在对待事物方面是缺乏正确认知的，智商也会受到影响。经过专家研究发现，父亲在孩子成长过程中参与度越高，孩子的智力和学习成绩就会越好。

父亲需要高质量、有耐心地陪伴孩子成长。父亲要能够替孩子遮风挡雨，同时也要教会孩子如何自己面对风雨。在孩子成长的道路上，父亲扮演着十分重要的角色，无论事业多忙，我们都要花一些时间来陪伴孩子，给予孩子更多的爱。对孩子的教育并不是家庭成员中某一个人的事情，而是需要父母双方共同完成的。

俗话说得好——"陪伴是最长情的告白"。对于孩子来讲，爸爸的陪伴或许胜过千言万语。有时候孩子需要的不是多么好的物质生活，而是来自父亲的爱和关心。

**爸爸带娃方法解读**

澳大利亚的一项研究数据显示：当一位男士因为工作消耗了75%的精力时，他回到家之后所呈现出的状态将非常不佳，他陪伴孩子的时间有时候甚至不足15分钟。在生活中，许多爸爸并不能高质量地陪伴孩子。如果父亲不能陪伴孩子成长，那么孩子是无法体会到父爱的伟大的，自然父亲在孩子心目中的地位也就岌岌可危了。

# 积极关注，爸爸的世界不该只有手机

一位资深儿童心理学专家说过这样的话："来自父亲的积极关注，对孩子的身心健康是十分有帮助的。"那么，什么是积极关注呢？积极关注指的就是家长对孩子主动表现出关心和关爱。积极关注要求爸爸在关注孩子这件事情上必须是由衷主动的，而不是孩子通过各种方法来吸引爸爸的眼球，爸爸才会看一眼孩子。

随着孩子的长大，爸爸可能会抱有这样的想法：孩子有自己的朋友圈，有自己的兴趣爱好，所以不用过多地关注孩子，只要孩子听话就好。因此，爸爸就成了那个下班后长在沙发上的"手机控"，眼睛里、脑子里只有手机里的搞笑视频、电影和综艺节目。其实，在整个童年时期，孩子所做的一切无非都是希望得到家人的关注与关心，尤其是来自父亲的积极关注，能够让孩子获得更多的动力与鼓舞。

## 爸爸带娃实例

某档社会调查节目曾做过一个有趣的街头采访，第一组被采访者是一对父子。调查人员首先问10岁的男孩："你知道你爸爸最喜欢吃的是什么吗？"

男孩笑着回答："爸爸最爱吃奶奶做的红烧肉，再就是爱喝酒。"

调查者接着问这位父亲："您儿子回答得对不对？"

这位父亲笑着点头。

调查者接着问道："那您知道自己儿子最喜欢吃什么吗？"

这位父亲想了五秒钟，然后不确定地回答道："应该是汉堡吧。"

还不等调查者提问，小男孩反驳道："才不是汉堡，我最爱吃您做的炸酱面。"

父亲有些尴尬，急忙反问道："那为什么每次妈妈出差，你都让我给你叫外卖汉堡呢？"

小男孩有些着急，回答道："那还不是因为您一天到晚只知道躺沙发上玩手机，懒得做饭，所以我才要吃汉堡的。"

为了化解尴尬，调查者紧接着又问这位父亲："您每天会花多少时间陪您的儿子？"

这位父亲又思索了一会儿，回答道："下班之后也没多少时间，但是每天下班我都在家里陪他。"

小男孩继续说道："您下班之后是在陪手机。"

虽然这则街头采访看起来很有趣，但是这恰巧反映出一个普遍的社会现象，即爸爸们缺乏对自己孩子的关注，这些"一天到晚只知道躺沙发上玩手机"的爸爸绝对不是少数。不妨回想一下，你已经多久没有和孩子认真交谈了？你是否也像案例中的这位爸爸一样，连自己孩子最爱吃的食物是什么都不知道？下面这个例子是我一个朋友亲身经历的一件事情，它更能反映出父亲对孩子的关注是多么的重要。

我的朋友是一位9岁女孩的爸爸，他的女儿在学校一直都是老师眼中的"乖学生"。平时老师讲课，孩子也很认真听讲，从来不和同学打架、闹矛盾，老师留的作业，女儿也能按时完成。他一直觉得自己的女儿是老师口中的"好学生"，但是每次考试分数出来，他都会被老师叫到办公室，因为他女儿的成绩总是很差。

面对女儿的考试成绩，他很生气。这次期末考试，他的女儿又考了全班倒数第三名，他忍无可忍，回家质问女儿为什么平时做题时都会，考试的时候却都做错。女儿淡定地回答："如果我不故意考得很差，恐怕您还只顾着玩手机，根本没时间关心我吧。"

听了女儿的话，他突然意识到原来女儿是想要通过这种方式来争取自己对她的关注。

通过朋友女儿的事例，我们可以看出孩子是多么希望得到父亲的积极关注啊！他们在得不到父亲的关注时，可能会选择用一些极端的行为来吸引爸爸的注意力。从另一方面来讲，这是孩子内心缺乏父爱的一种表现。在孩子故意犯错后，爸爸们不妨认真回想一下，自己是否平时对孩子的关注度不够，才导致孩子做出这些出格的行为。

### 爸爸带娃妙招

孩子是每个家庭的未来，在家庭生活中，父亲单纯的、被动的关注，是不能真正了解孩子的内心世界的。相反，来自父亲的积极关注，不仅能让孩子获得更多的幸福感，也能让你更加了解孩子。

父亲给予孩子积极关注，对孩子的成长究竟有哪些好处呢？首先，爸爸带孩子的过程中，给予孩子足够的关注和爱，能够让孩子建立起自我形象概念，而健康的自我形象的确能给孩子带来足够的自信心；其次，孩子安全感的建立往往来源于成人，而父亲带给孩子的安全感是其他家庭成员所无法替代的；再者，爸爸经常关注孩子的行为和内心，能让孩子意识到被尊重的感觉。最后，当爸爸积极关注孩子的时候，会了解孩子的心情、性格等各个方面的问题，这对于加深亲子感情是十分有帮助的。

既然积极关注对孩子成长如此重要，那么，爸爸可以通过哪些方面对孩子进行积极关注呢？

**1.关注孩子的心理变化。**

随着年龄的增长，孩子对外界事物已经有了自己的看法和认知，尤其是孩子进入中学阶段，他们精力充沛、好奇心很强，但是在愿望与实际能力之间还是存在一定差距的，在这个阶段孩子很容易做出冲动的事情，情感也是比较脆弱的。因此，爸爸要洞悉孩子的心理变化，细心引导，更要关注孩子的心理问题，让孩子获得足够的安全感。

**2.关心孩子的需求。**

无论爸爸们对孩子投入多少精力，都要明白孩子的需求是什么。孩子有安全感、交友、荣誉感等方面的需求，而对自我需求的满足，多是通过学校和家庭来实现的。如果孩子从家庭生活或学校生活中无法得到满足，自然会通过其他途径来进行自我需求的满足，比如上网，因此，爸爸不要看到孩子上网就认为会影响孩子的学习和身心健康，爸爸要做的不是指责批评，而是应该思考如何做能够满足孩子的正常需求，让孩子获得更多的幸福感。

### 3.关注孩子的情绪变化。

随着孩子的成长，其对外界的认知也变得越来越敏感，但是他们还不具备较强的自我情绪管理能力。因此，作为父亲应该多关注孩子的情绪变化，帮助他们进行情绪管理，避免孩子情绪出现太大的波动。

### 4.关注孩子的生活习惯。

好习惯能让孩子更优秀，相反，坏习惯能诱导孩子犯大错。因此，爸爸需要着重对孩子的习惯保持关注，能够从小事上发现存在的大问题。比如，孩子不能按时起床，这看似一件小事，但从深层来讲，这是孩子缺乏时间观念和自我约束力的外在表现。关注孩子的生活小习惯能让父亲更加了解孩子的优缺点，鼓励孩子继续发扬优点，帮助孩子改掉缺点，让孩子获得成就感。

随着孩子的成长，他们需要来自父亲的关爱不是呈递减趋势的。相反，在孩子进入小学之后，他们希望能够获得来自父亲更多的关注与爱。因此，爸爸们不要认为孩子长大了，不需要自己去关注他们的成长了，从而开始"放飞自我"，日日与手机为伴，忽略孩子的需求与目光。

积极关注孩子的一举一动是爱孩子最直接的表现形式，如果你想要让孩子感受到父爱，不妨在带孩子的时候多关注孩子的喜好，少玩会儿手机游戏；多关注孩子的心情，少看一会儿短视频。

### 爸爸带娃方法解读

积极关注，需要爸爸们仔细观察孩子的行为、耐心聆听孩子的语言和认真洞察孩子的内心，而这些关注行为能让孩子获得更多的安全感、幸福感和认同感。当然，积极关注不应该狭义定位为对孩子的监督，而是应该源于父亲内心的那份爱与责任。同样，通过积极关注孩子的成长，爸爸们也可以获得来自孩子的充分信任、理解和尊重。

## 孩子伤心无助时，请献上你的拥抱

都说爸爸多半是"粗线条"的，孩子在伤心难过的时候，第一个想起的就是妈妈，因为爸爸很少会注意到孩子的情绪变化。当然，很多爸爸也并不是不关心孩子，他们只是很少去关注孩子。如果说这类爸爸是因为"粗线条"造成不关心孩子的情况，还有一类爸爸则是因为太过自我，他们能发现孩子的情绪出现了变化，也了解孩子因为某些事情很伤心、无助，但是却不去主动关心孩子，而是觉得孩子能够处理好自己的情绪，甚至有些脾气暴躁的爸爸还会对孩子大吼大叫，觉得孩子太过"任性"或"调皮"。其实，在孩子心情不好，或者是因为某些事情伤心难过的时候，爸爸可以先给孩子一个拥抱，让孩子明白爸爸了解他们的委屈和无助，给予孩子心灵的安慰，这是十分有必要的。

不管是大人还是孩子，都会有伤心无助的时候。成年人遇到伤心事的时候，尚且希望得到别人的谅解和安慰，希望有人能够帮助自己，孩子更是如此。他们遇到难过的事情，也会希望爸爸能给予自己安慰，感受到无助的时候，也会希望爸爸能给予自己帮助。

### 爸爸带娃实例

在某档综艺节目中，一位年仅7岁的小男孩说了这样一件事情："我记得一次考试成绩不理想，其实我心里很难过，我知道自己考得不好。到家之后，爸爸没有安慰我，而是骂了我一顿，他说我学习不认真，还说给我花钱上这么好的私立学校，不是让我去混日子的。其实我当时心里很委屈，因为我也没想到这次考得这么差，平时我也好好学了，老师上课讲的我也听得懂，但是爸爸就认为是我不认真学习造成的，这让我感到很难过。"

主持人问小男孩想对爸爸说点儿什么，小男孩说道："我希望在我伤心的时候，爸爸别骂我。我很羡慕我们班瑶瑶，瑶瑶说她每次伤心难过的时候，她的爸爸都会抱着她，哄她开心。我知道我是男孩，应该勇敢一点儿，但是我也希望爸爸能够在我难过的时候多关注我。"

在生活中，想必很多爸爸都如同这位小男孩的爸爸一样，在看到孩子犯错后或是某些事情做得不好的时候，第一反应不是去安慰孩子，而是指责孩子。要知道此时孩子最希望得到爸爸的关爱，而不是吼骂。孩子犯错时，他们自己心里是知道的，是愧疚的，孩子无助的时候内心是胆怯的。聪明的爸爸会在这个时候先去安慰孩子，让孩子有勇气去面对自己的错误或者无助，然后才能从根本上解决问题。

### 爸爸带娃妙招

孩子伤心无助的时候，爸爸要给予孩子更多的爱，让孩子感受到来自父亲的支持和理解，那么，当孩子伤心无助的时候，爸爸究竟要怎么做呢？

**1.先安慰孩子，让孩子的心情平复下来。**

孩子是需要安慰的，当孩子内心充满无助的时候，要让孩子感觉到自己身后有所依靠，而自己的依靠便是爸爸。当孩子感觉到伤心的时候，爸爸可以抱抱孩子，给孩子足够的温暖，用父爱的温暖来化解孩子内心的无助和恐惧。

**2.父亲可以帮孩子分析伤心难过的缘由。**

很多时候孩子伤心难过的理由，连他们自己都不清楚，他们只知道自己不开心。爸爸可以帮孩子分析产生伤心心情的根源是什么。比如，孩子因为与朋友吵架而伤心，这个时候爸爸可以帮孩子分析为什么会吵架，吵架的原因是什么。不仅如此，还要让孩子意识到吵架这种对事情的处理方式是不正确的。

**3.给予孩子一定的指点，而不是直接帮孩子解决问题。**

孩子因为遇到困难而伤心无助，这个时候爸爸要做孩子的"领路人"，给孩子指明方向。但需要注意的是不要直接帮孩子解决问题，而是引导孩子自己去解决问题。只有这样孩子才能获得成就感，当他们再次遇到同类事情时，不至于再次感觉到恐惧和无助。

爸爸习惯以威严、严肃的形象站在孩子面前，因此，在孩子伤心难过的时候，爸爸会认为孩子是因为"懦弱"，或者"任性"才哭泣的。其实，此时孩子最需要得到来自爸爸温柔的爱。在孩子感到无助的时候，爸爸要成为孩子坚强的后盾，给孩子足够的勇气，陪伴孩子去战胜困难。爸爸在孩子心目中的形象不应该仅仅是高大的，还应该是充满温暖且有力量的，这对孩子的成长来说是十分必要的。

## 爸爸带娃方法解读

对孩子表达爱，这是很多爸爸不擅长的事情。如果孩子犯错，爸爸习惯性地会先去吼骂孩子，而不是先去安慰孩子，这样做会让孩子对爸爸这个角色产生误解，甚至到了叛逆期的时候，会对爸爸充满敌意。因此，爸爸要擅长将父爱中温柔的一面展现给孩子，让孩子明白爸爸不仅会严格地要求他们，还会用温柔的爱来支持他们。一个生活在温暖父爱中的孩子，以后无论遇到什么事情，他的内心都会充满力量，这种力量能够让孩子变得更加勇敢和坚强。

## 孩子胆小懦弱，巧妙帮孩子解开心结

很多爸爸会发现一个问题，孩子胆子很小，害怕黑暗的地方，即便是爸爸就在身边；害怕一个人出去扔垃圾，即便垃圾桶就在楼下；害怕与别人打招呼，即便是已经见了很多次的叔叔阿姨；害怕在游乐场玩新鲜的娱乐项目，即便他很想去玩。有些爸爸看到孩子如此胆小，便开始责备孩子，甚至会打骂指责。那么，孩子为什么会如此胆小懦弱呢？

首先，爸爸要先审视自己，是不是自己陪伴孩子的时间太少了。心理学家经过研究发现，孩子缺乏父亲的陪伴，内心往往会缺乏安全感，这是导致孩子胆小懦弱的重要因素。如果是因为爸爸陪伴孩子的时间太少，那么在以后的日子里，爸爸可以多陪伴孩子进行一些户外活动，让孩子感受到来自父亲的爱与力量。

其次，爸爸要分析孩子是不是因为日常生活中某些细节问题，而导致其胆小懦弱的。比如很多时候家长为了让孩子听话，会说一些吓唬孩子的话，如"你再这样做，小心被怪兽知道""你再不听话，我就不要你了"等，类似于这样的话。经常说这种带有恐吓性质的话语，会让孩子的胆子越来越小。

最后，爸爸要反思，在生活中是不是经常约束孩子，不让孩子尝试自己做一些事情。有些家长害怕孩子事情做得不好，于是这也不让孩子做，那也不让孩子做，即便孩子想要去做，家长也会斥责孩子，让孩子停下来。久而久之，孩子便不再主动去尝试新鲜事物，甚至会对新鲜事物产生恐惧心理。

## 爸爸带娃实例

张晓鹏计划周末带9岁的儿子去朋友家做客，因为之前儿子见过朋友，所以去之前，张晓鹏没有告诉儿子。到了朋友家，儿子死活不愿意进朋友家门，张晓鹏问他为什么不去，儿子露出胆怯的表情。

张晓鹏正在和儿子谈话，朋友刚好下楼扔垃圾。看到了张晓鹏和儿子，朋友主动过来打招呼，张晓鹏对儿子说："快喊叔叔啊！"

儿子胆怯地躲在张晓鹏身后，轻轻地叫了声"叔叔"。

到了朋友家，儿子坐在沙发上，什么也不敢做。虽然朋友家有很多玩具，他也很想玩，但是他依旧坐在沙发上。朋友热情地给孩子拿来了水果和点心，他却不敢主动拿着吃。

过了一会儿，孩子不停地催促张晓鹏回家，无奈，张晓鹏只好带儿子回家。在回家的路上，张晓鹏问儿子为什么着急回家，孩子这才说道："我想回家上厕所。"

张晓鹏生气地冲儿子吼道："你在别人家为什么不上厕所？"

"我不敢去。"儿子委屈地说道。

张晓鹏很生气，他不明白为什么自己的儿子如此胆小。在很多家庭中，爸爸从来不认为孩子胆小和胆怯是由父母造成的，他们会将孩子的这种表现视为孩子自身因素造成的。

### 爸爸带娃妙招

很多爸爸会认为，孩子胆小懦弱是因为年纪小，等孩子长大之后，自然而然会变得胆大了。其实不然，在现实生活中，我们身边不乏一些胆小懦弱的成年人，即便已经成年，依旧不能勇敢果断地处理自己工作和生活中遇到的问题。可见，年龄与是否胆小懦弱没有绝对的关系。那么，当爸爸发现孩子胆小懦弱的时候，究竟该如何做呢？

**1.让孩子做一些简单基础的事情。**

有些孩子的懦弱性格是后天形成的，而有些孩子懦弱胆小的性格则是天生的，有的孩子天生性格敏感，所以对待这样的孩子时，爸爸要帮助他们树立信心，让孩子有足够的信心去做事情。当孩子树立了自信心，自然就会愿意去接触新鲜的事物。一定要先让孩子接触简单、容易的事情，孩子做完简单的事情之后，内心会受到鼓舞，会很有成就感。慢慢地当我们帮孩子树立了自信心之后，孩子的胆子也就变大了。

**2.多聆听孩子的想法。**

孩子胆小懦弱往往是有理由的，面对这种情况，爸爸不要过多地去斥责孩子，要多理解孩子的难处。尤其是在孩子胆怯的时候，爸爸要听听孩子为什么会害怕，要了解孩子的真实想法，爸爸不要以自己的想法去要求孩子，而是应该从孩子的角度去思考问题，只有这样才能做到对症下药。

**3.爸爸要多鼓励孩子。**

爸爸应该多鼓励孩子，让他知道你在他的身边，无论发生什么事情，你都会陪着他的。让孩子在心理上感受到有人在帮助自己，这样孩子自然会克服内心的胆怯。

### 4.陪孩子多参加课外活动。

孩子会有胆怯心理，很多时候是因为他们接触的外界事物太少，遇到事情不知道该怎么去做。爸爸可以带孩子多参加一些课外活动，让孩子多见见世面，拓宽孩子的眼界和心胸。与此同时，多参加一些课外活动还能够增强孩子体质，对孩子的生长发育也是有好处的。

### 5.不要去责备孩子。

爸爸在发现孩子胆小的时候，千万不要一味地去责备、数落孩子，这样会让孩子更加胆小，所谓"越吵越胆小"。

聪明的爸爸不会认为孩子胆怯是孩子自己造成的，他们认为孩子胆怯需要爸爸付出更多的爱，需要爸爸帮助他们增强自信心、发现自己的优点。当孩子足够自信的时候，他们肯定不会出现胆怯的心理。如果孩子的性格比较懦弱，不敢做选择和决定，爸爸要做的就是给孩子足够的鼓励，让孩子知道父亲是自己的坚实后盾。

## 爸爸带娃方法解读

性格懦弱的孩子其实很可怜，因为他们有自己的想法，但是却一直压抑着，他们有自己想做的事情，但是却因为胆小不敢去做。他们只能默默地承受，不敢和父亲诉说自己的心事。长大之后，懦弱的孩子往往会缺乏主见，从而很难成事。想要让孩子变得勇敢，爸爸就要多鼓励孩子，认可孩子的行为，不要苛责孩子，更不要动不动就责备孩子。让孩子大胆地做出自己的选择吧！

## 深入陪伴，不要事事跟孩子较真

　　每个孩子都不一样，一个孩子在不同的年龄段也有各种各样的表现，比如，有的孩子喜欢争第一，有的孩子不喜欢跟陌生的孩子一起玩，有的孩子不喜欢喊叔叔阿姨，等等。这个时候，作为父亲不要事事和孩子斤斤计较，不要认为孩子爱争第一是爱表现，不要认为孩子不喜欢和陌生人玩耍是性格孤僻，更不要认为孩子不主动叫叔叔阿姨是没礼貌的表现，这些都是事出有因的。

　　孩子的吸收能力是很强的，随着孩子年龄的增长，孩子对事物的理解能力也会增强，因此，父亲的一言一行，孩子都会自己进行理解。如果父亲因为孩子的行为斤斤计较，那么势必会与孩子发生冲突，从而影响孩子的成长。

　　"我实在看不惯儿子写作业的时候做小动作，虽然他的效率也很高，但是一会儿挠头，一会儿啃手指。我批评他很多次了，但是他就是改不了。"一位父亲抱怨道，"因为这件事，我和儿子还吵了一架，虽然事后我觉得没必要对孩子发这么大的火，但是就是不喜欢他这样。"

"我女儿每天早上都喜欢在床上躺一会儿再起来，虽然上学也不会迟到，但我觉得她是在浪费时间，可她却不这么认为，因为这件事情，我感到很头疼，经常责备她。"一位小学四年级学生的爸爸抱怨道。

其实，孩子多多少少有一些自己的习惯，在很多小事上父亲没有必要太过于在意，反而应该多深入地去陪伴孩子，了解孩子产生这些习惯背后的真实原因。如上述父亲所说的，孩子写作业一会儿挠头、一会儿啃手指，是不是由于父亲一直看着孩子写作业，孩子心理过于紧张，或者是身体缺乏某种营养元素导致的。孩子睡醒后喜欢躺一会儿再起床，是否是因为孩子睡眠时间不足，孩子还有困意导致的。只有在深入陪伴孩子之后，才能了解孩子的行为与思想，才能避免对孩子产生误解，才能让亲子关系更和谐。

## 爸爸带娃实例

在某短视频平台上，有一段视频获得数十万的点赞量：

一个40岁左右的男人坐在沙发上，认真地看着不远处的男孩，男孩10岁左右的样子，很显然小男孩是男人的儿子。

小男孩在帮妈妈包饺子，因为是第一次包饺子，所以他包的饺子很难看，饺子外面都露着菜。妈妈在一旁耐心地指导孩子，男人就这样认真地看着。

男孩因为动作不熟练，一不小心将手里的饺子皮掉到了地上，男孩看了看爸爸，本以为爸爸会批评自己，没想到男人没有说话，只是走到水池旁洗了洗手，坐到男孩身边，他开始手把手地教孩子包饺子。

过了五分钟，只见男孩包的饺子已经很不错了，起码没有露馅儿的了。

这看似一则十分平常的家庭生活视频，但是为什么会有如此高的点赞量呢？

想要知道答案，不妨打开评论区，你会找到答案。

网友："这样有耐心的父亲，真的很有爱。"

网友："一看这位父亲就很有耐心，他没有冲孩子发火。"

网友："我也羡慕这个男孩有这么好的父亲，如果是我的父亲看到我弄掉了饺子皮，肯定会拿鞋底子抽我的。"

网友："我记忆最深刻的就是那次不小心将玻璃打碎了，我爸狠狠地揍了我一顿。"

视频中的这位父亲，他用自己的行动来教育孩子，而不是用打骂的方式，他懂得如何去陪伴孩子成长，知道自己的一言一行对孩子会有多么深刻的影响。

### 爸爸带娃妙招

有句话说得好——"陪伴是最深情的告白"，对于孩子来讲，他们不仅仅需要来自妈妈的陪伴，也需要来自父亲的陪伴。在父亲的陪伴下，他们会学会勇敢和坚强。当然，陪伴孩子不是为了每时每刻去"纠错"，而是为了让孩子顺其自然地去进行自我改错。

**1.用心陪孩子，让孩子感受到父亲的存在。**

很多父亲打着陪孩子的名义，在一边玩手机、看电视，孩子在一旁自己玩自己的。他们这种陪伴的意义不大，甚至会让孩子觉得"自己没有电视、手机"重要。换句话说，这种父亲陪伴的不是孩子，而是手机或电视。父亲需要用认真的态度对待孩子，要让孩子感受到父亲是在很用心地陪伴自己，让孩子有一种获得感。

**2.陪孩子不是当"纠错官"。**

有的父亲打着陪孩子的旗号，不停地"找茬"，似乎孩子做什么都不对，不停地在对孩子说"不许""不行""不要"等。一个连着一个的否定词，会让孩子有挫败感，甚至会让孩子认为，父亲陪伴自己是为了找自己的"茬"。

**3.接受孩子不完美的事实。**

世界上没有完美的人，这是一则真理。作为父亲不要期望将孩子塑造成一个完美的人，你只需要尽可能地让孩子拥有"真善美"，而不是要求孩子做任何事情都必须是"完美的"。要知道成年人都做不到事事正确，更何况是孩子。父亲不要认为只要足够严格，孩子便不会犯错，这只是你的一厢情愿罢了。

深入陪伴孩子，会让孩子感受到来自父亲的爱，更能让孩子感受到幸福。而不认真地陪孩子，事事较真，只会让孩子"讨厌"父亲，让孩子觉得父亲对自己不满意，加剧父子、父女之间的裂痕。

### 爸爸带娃方法解读

深入陪伴孩子，不仅需要父亲付出足够的时间，更多的是付出心力和脑力。在孩子的内心，他们渴望得到父亲的肯定，而不是事事被父亲指责。当一位父亲能够用认真的态度对待孩子时，孩子也更愿意与他交流，从而更能够体谅父亲，久而久之，亲子关系会更加和谐。

第二章

面对冲突，
冷静应对莫暴躁

## 棍棒教育：深化亲子矛盾的催化剂

现实中很多父亲信奉"不打不成器""黄荆棍下出好人"的教育理念，认为只有用打骂的教育方式，才能培养孩子成才。当然，这也是中国式教育中争议很大的一个问题。在家庭生活中，有些父亲因控制不好情绪而充当了"棍棒达人"，拿起棍棒很容易，放下却很难。只有棍棒，而没有了教育，教育直接变成惩罚孩子的一种简单、野蛮、粗暴的手段。不能否认棍棒教育有一点儿用，但副作用更大。棍棒教育是父亲站在不公平的位置实施的，可以说是一种无能的表现，直白来说就是"智商不够，拳脚来凑"。这种教育方式直接危害到孩子的自尊心、安全感，甚至会让孩子产生心理疾病。

美国心理学家、科学家马丁·赛里格曼在20世纪六七十年代证明了该理论：在实验中，他给狗施加无法逃避的电击，随后将狗转移到可以逃避电击的环境中，然而狗已经放弃逃跑的念头，默默地承受着疼痛。

孩子的行为是家长言行的影射。孩子从小便会模仿父母的言行举止，如果孩子生活在棍棒之下，他们会以为爱就是伤害，并且用伤害程度的深浅，来衡量爱的深浅。这直接就颠覆了孩子对爱的认知理解，从而增加自卑感，这种暴力行为甚至会被传承。孩子在未来的生活中也会带上棍棒的烙印，直接复制父亲的教育方式，传给自己的下一代。这就是为什么幼时遭遇体罚的孩子在青少年阶段也倾向于使用暴力、欺凌、迫害等手段解决冲突。反之，如果父亲不使用体罚，孩子则更能适应社会，也不会轻易使用武力解决问题。

棍棒教育本质上就是深化父子矛盾的催化剂，与爱背道而驰。父亲打孩子会给他们造成身心创伤，会使孩子在遇到困难时产生心理压力，从而造成孩子表现欠佳，认知能力难以得到发挥。若不改变，继续发展下去，孩子往往会患上抑郁症等严重的心理疾病。

### 爸爸带娃实例

前段时间记者在北京街头采访经历过爸爸"棍棒"教育的孩子，他们均出现极端情绪：

女同学甲："我一直害怕爸爸打我，只要他拿起棍子，我就知道他也控制不了自己，他下手会很重，我已经没有办法和我的父亲和解了，只要想到小时候被打，我就恨他。"

女同学乙："我被打过一次，我来说说自己的感受。我挺害怕的，有阴影，不敢想象一直被打的人是怎么熬过来的。"

男同学丙："记得小时候我第一次被爸爸打是在教室门口，一群同学围观，老师责备我，同学们也笑话我。我曾一度认为自己是个非常差的孩子，当时我还想着长大了一定要脱离我爸，逃得远远的。"

虽然只是一些短短的言词，但足以证明"暴力施教"给孩子带来的心灵创伤有多么严重，甚至无法修复，只能隐藏在内心深处，等待爆发的时机。棍棒教育会让孩子感到无助、自卑、叛逆、暴力、自私，也会越来越讨厌学习，憎恨父亲，深化矛盾关系。

健康的亲子关系应该更像是一种朋友的关系，充满了爱和自由。爱是深深的理解与接受。自由则是父亲与孩子都要独立，不要用成人的意志去塑造孩子，也不要过于依恋孩子。爱可以让我们同孩子之间更亲密，自由可以让我们与孩子保持一定的距离，各自有各自的空间，让孩子能独立成长。良好的亲子关系就是互相尊重，互相理解，互相帮助，互相信任，共同成长的。

### 爸爸带娃妙招

爸爸在教育孩子的过程中，经常表现为耐性不足，自认为"棍棒教育"见效快、效果好。有的父亲甚至认为，我出钱养孩子，供孩子吃住和接受教育，打一下怎么了，我想打就打。殊不知"棍棒教育"在无形中会严重伤害孩子，等你发觉时大多已无法挽回，实在是不可取。我们应该放下棍棒，去寻找更有效的教育方式：

**1.沟通和聆听，提升孩子使用语言表达感受的能力。**

一方面是使用非暴力沟通，最好的办法是和孩子讨论哪些行为是被父亲接受的，哪些行为存在危险而不被接受，做到父亲与孩子"双向了解"。另一方面是仔细聆听孩子的诉说，家长应该心平气和地找出孩子做某事或不做某事的理由，并能与孩子产生共情。

**2.关注孩子的内心。**

孩子的行为是内心感受的体现，父亲管教应格外关注孩子的内心。

在孩子成长过程中，首先要尊重孩子，放下对孩子的过高期望，不要经常支配或指责孩子，更不要希望孩子会变成你想要的样子。这样孩子会变得很脆弱，并且缺乏想象力和创造力。其次对孩子评价以鼓励为主，切记不要用"怎么这么笨，跟猪一样""真是没出息"等这样的话给孩子下定义、贴标签，直接伤害孩子的自尊心。不管孩子取得多大的成绩，作为父亲应该及时给予不同形式的表扬与肯定。即便孩子犯了错误，爸爸应树立正确的教育观，采取科学的教育方法，让孩子从"失败"中走出来。

### 3.运用语言定义感受。

尽早帮助孩子用语言来定义自我感受，如喜欢、讨厌、生气、恐惧、羞耻等，并教会孩子以更成熟的方式调节自己的情绪。

### 4.利用正面管教，适度的奖励和表扬能够提升孩子的自尊心。

正面积极管教较惩罚而言，更能有效地使孩子长期保持良好的行为习惯。对待孩子，爸爸应该不惩罚也不娇纵，在温和的氛围下，才能培养出自律、有责任感、懂合作以及自立的孩子。

### 5.爸爸应该为孩子树立良好的榜样。

孩子天生善于观察与模仿，父母的一言一行对孩子的成长有着至关重要的影响。事实证明，孩子最初的行为习惯都是从父母身上学来的。一个孩子的学习态度、道德品行，与父母的榜样作用有直接的关系。父母爱学习，孩子也就爱学习；父母爱劳动，孩子也就爱劳动；父母乐于助人，孩子也会乐于助人，这就是榜样的作用。因此，父亲要有"榜样精神"，时时刻刻做孩子的行为"标杆"。

**爸爸带娃方法解读**

棍棒教育，必定是深化亲子矛盾的催化剂，即便在短时间内起效快，但后遗症非常严重。爸爸带娃的过程中应该主张正面管教，坚持用"和善而坚定"的态度去与孩子相处，互相尊重、互相理解、互相帮助、互相信任，与孩子共同成长。

# 吼骂孩子，孩子口服心不服

教育孩子并非一件容易的事情。有些孩子并不能体会、理解父母的良苦用心，尤其是在父亲不断冲孩子怒吼的时候，孩子会表现出不服管教的情况。久而久之，孩子会出现严重的叛逆思想，这让父母感到十分失望。在整个教育过程中，父亲的"吼骂"就是罪魁祸首。

父母以"吼"的方式来达到自己的管教目的，殊不知这种管教方式是不可取的，这样做不仅给孩子的心理健康带来不良影响，还会让孩子产生叛逆心理。

"我爸爸总是吼我，现在不管他怎么吼、怎么嚷，我都保持沉默，我不说话，他爱怎么说怎么说，反正我该怎么做还是会怎么做。"这是一位三年级孩子说的话。他的话说出了无数孩子的心声。在生活中，孩子可能会因为各种各样的事情而触怒父亲，父亲便会摆出一副"威严"的样子来教育孩子。父亲认为只有"怒吼""斥责"才能让孩子看到自己的底线在哪里，才能让孩子意识到错误和问题。不可否认很多父亲都有这种想法，但是父亲的"斥责""吼叫"对孩子真的有效果吗？没有，答案肯定是否定的，父亲的吼骂换来的只是孩子表面的温顺，孩子看似顺从的背后是一颗不服气、不甘愿的心。

## 爸爸带娃实例

像往常一样，张鑫拿着女儿的袜子走进女儿的房间。女儿被叫醒后，看到张鑫手中的袜子，生气地吼道："我不要穿这双袜子，太丑了！"

张鑫看到女儿如此生气，并没有责备女儿"任性"，因为他最近刚看了一些育儿方面的书，书里就有类似的案例，他知道这个时候自己不能够发飙，因为这只会让女儿更生气。紧接着，张鑫当作什么都没有发生一样，从女儿的衣橱里找到了女儿平时最爱穿的一条裙子，放到了女儿的面前。张鑫本以为女儿看到了裙子会十分开心，没想到女儿更加生气了："这条裙子和这双袜子一点儿也不搭，你让我怎么穿？"

看到女儿更生气了，张鑫还是没有责备她无理取闹，也没有冲女儿怒吼，而是笑着对她说："那爸爸先出去了，你的衣服都在柜子里，你想穿什么自己选，爸爸在外面等你，妈妈已经给你准备好了你最爱吃的三明治。"

说完，张鑫转身出去了，他没有再关注女儿的穿着，而是坐在餐桌前等着女儿从卧室出来。

过了大概10分钟，女儿高兴地走了出来，张鑫看到她穿的还是自己给她拿的那条裙子，袜子也是原来自己选的那双。

"真漂亮，你搭配衣服的眼光的确很棒。"张鑫笑着对女儿说道。

在女儿无理取闹的时候，张鑫并没有责备她，也没有强制要求女儿按照自己的想法去选择衣服，相反，张鑫给了她"自由发挥"的空间，让女儿自己去作出选择，虽然结果是一样的，但是女儿的心情明显是不一样的。

### 爸爸带娃妙招

父亲在生活中很容易站在高处指挥子女，希望子女按照自己的要求去做事情。当孩子没有按照父亲的要求去做事情的时候，父亲的内心是崩溃的，或者说是愤怒的。于是，他们便会冲孩子大吼大叫，试图用吼叫的方式来让孩子接受自己的建议或者是观点。却不承想，这样做只会让孩子更反感你，让孩子更不愿意接受你的观点。那么，在生活中，父亲经常吼骂孩子，对孩子有哪些危害呢？

**1.父亲吼骂孩子，会让孩子产生心理阴影。**

吼骂其实就是对孩子语言上的施暴，经常吼孩子，极容易在孩子心里留下阴影，要知道这种心理阴影会伴随孩子的一生，还容易导致孩子对父亲产生畏惧感，不利于孩子与父亲之间的交流与沟通，导致父母与孩子之间产生隔阂，影响孩子健康成长。

**2.容易影响父亲与孩子的亲子关系。**

父亲在管教孩子的过程中，经常吼孩子，亲子关系会因为吼而变得紧张。甚至孩子还会试图去反抗，这就很容易导致矛盾产生，久而久之会严重影响亲子关系。

**3.容易将不良习惯传递给孩子。**

俗话说"近朱者赤，近墨者黑"，父亲经常吼骂孩子，其实是对孩子进行不良教育，孩子会对父母的不良教育行为产生抵触心理，并在日常语言表达方面学习父亲的这种解决问题的方法，久而久之，孩子也会养成经常吼的习惯。

虽说父母是孩子的第一任老师，但父亲不要在与孩子出现意见分歧的时候摆出"老师"的架子，逼迫孩子按照自己的想法做事情，更不要认为这种教育方式对孩子的成长有帮助。一个只敢沉默的孩子，不是因为他听话，也不是因为他觉得父亲说得对，或许他在进行无声的反抗，他在努力寻找机会表达自己"不服气"的心情，一旦做出过激行为，后果将不堪设想。

### 爸爸带娃方法解读

吼骂对孩子来讲就是一种语言暴力行为，这种教育方式不仅会让孩子变得更加自卑，甚至会让孩子变得十分叛逆。因此，在与孩子出现矛盾或分歧的时候，爸爸不要急于去指责孩子、吼骂孩子，而是用智慧的方式去教育孩子，让孩子认同你的观点，并从内心深处愿意接受你的教育方式。

## 自然解决法：矛盾迎刃而解的不二选择

世界建筑大师格罗培斯为了设计迪士尼乐园的路径费尽心思，他不知道什么方案能够满足游客的需求。最后，他想出了一个办法，他买来了很多草种，在空地上播撒，然后开放乐园，让游人自由穿行。半年的时间过去了，草地上被踩出了许多条小路。后来，格罗培斯让人按照这些踩出来的小路进行人行道的设计。在1971年伦敦国际园林建筑艺术研讨会上，格罗培斯的设计被评为世界最佳设计。

从这个例子中我们可以了解到，有些事情在不知道如何去解决的时候，不妨选择顺其自然的方法，这也许会是最佳选择。建筑如此，教育何尝不是如此呢？孩子的成长之路仿佛就是一条铺向未来的路径，父亲强加干涉，按照自己的意愿进行设计，反而不利于孩子的成长，甚至会扭曲其个性的发展。顺其天性，这样对孩子更好。

在生活中，很多时候孩子出现的问题是不需要父亲解决的。尤其是在孩子犯错之后，父亲总是习惯性地询问孩子为什么犯错，甚至会责备孩子，当孩子想要去解决问题的时候，父亲又开始指责孩子做事情不认真，其实在这个时候父亲需要做的是让孩子自己去想办法解决问题，通过顺其自然的解决方法化解矛盾。

### 爸爸带娃实例

曾经有位心理学家做过这样的研究：一位父亲带着孩子去打篮球，孩子因为年龄小、个子矮，始终无法将篮球投到篮筐中。在尝试了十多次之后，孩子完全丧失信心了，便坐在地上大哭起来。

这位父亲看着哭泣的孩子，并没有像某些家长那样冲孩子吼，也没有去哄孩子。这位父亲坐在孩子的身边，孩子看了父亲一眼，发现父亲没有责备自己，也没有安慰自己。过了两分钟，孩子停止了哭泣，重新站了起来，他这次尽力对准篮筐，用力投了出去，出乎意料的是，孩子竟然将篮球投进了筐内。

孩子开心得又蹦又跳，父亲也开心地笑了起来。

通过这个案例我们不难发现，孩子在遇到问题的时候，并不一定需要来自家长的帮助。随着他们年龄的增长，他们能够自己去面对某些问题，自己找到解决问题的办法，而孩子的这种自我解决问题的能力是顺其自然形成的，并不需要家长刻意而为之。

### 爸爸带娃妙招

教育孩子不仅要顺应孩子的需求，更要顺应孩子成长的特点、智力发展和心理发育特点。如果父亲选择拔苗助长，反而会打破孩子成长的规律和节奏，让孩子对待外界刺激变得疲软，影响孩子的正常发育和成长。

1.顺应孩子的心理发展。

孩子心理成长是需要一定过程的，并不是家长认为孩子该明白什么事情，孩子就会明白。更不是父亲认为孩子能够承受多大压力，孩子就可以承受。孩子的内心是脆弱的，这就意味着父亲在对待孩子的问题上，不能站在"我认为"的角度，而是要站在"孩子认为"的角度，允许孩子根据自己的心理认知程度来认识外界事物。

2.顺应孩子的身体发育。

你无法要求一个10岁的孩子每天只休息6小时，其他时间用来学习，因为在这个年龄，睡眠是十分重要的。对于一个成人来讲，可能每天睡够6个小时就能够支撑一天的工作，而对于一个10岁的孩子来讲，他们需要更长时间的睡眠来让大脑休息。因此，爸爸要根据孩子的身体发育和成长情况来管教孩子。

3.顺应孩子的智力发育。

有的人说智商是天生的，即便如此孩子的智力发展也是需要一个过程的。因此，父亲不要站在自己的角度上认为孩子应该会解决哪些问题，而是要站在孩子的角度上思考，做出合乎孩子智力发育的决定。

有的家长善于用"为你好"来诠释自己所有的决定和行为，比如，有的父亲自认为孩子需要学习跆拳道，便逼迫孩子参加兴趣班学习，而孩子本身是不想学的。这个时候父亲会苦口婆心地对孩子说："我做的一切都是为了你好。"这种帮孩子做决定的教育方法真的是对孩子好吗？还有一类父亲，他们擅长替孩子铺设人生道路，认为自己给孩子安排的就是最好的，但是孩子真的喜欢父亲的安排吗？

老子说："顺自然而行，不造不施。"对待孩子的教育问题，父亲也应该顺其自然，顺应孩子的天性，否则必然会伤害到孩子。当然，我们强调这种顺应天性，并不意味着对孩子不闻不问，对孩子不加约束。在孩子成长的过程中，父亲还是要适当地给予孩子引导，但应该让孩子成为自己成长的主体，经历自己应该经历的一切，而不是所有的事情都由父亲代劳。要知道过分设计孩子的人生，过多地干预孩子的成长，对孩子的身心基础建设和智力结构建设都是不利的。懂得陪伴孩子的父亲，往往会给孩子足够的成长空间，同时也会顺应孩子成长的需要，让孩子自己去感悟如何去做决定、如何去做选择；什么事情该做、什么事情不该做。

### 爸爸带娃方法解读

洛克指出：教育就是在人身上培养一些合乎人天性的能力。对待孩子，我们要学会顺应孩子的发展规律，尊重孩子的意志，父亲既不能指责孩子"自作主张"，也不能万事替孩子"着想"。让孩子学会处理自己的事情，顺其自然地去解决自己的矛盾，这才是一个父亲应该做的。

# 爱与责：寻找两者的平衡点

爱是肥沃的土壤，爱是明媚的阳光，爱是教育孩子过程中不可或缺的元素，更是孩子成长道路上开在身旁的花朵。相信天下没有不爱孩子的父亲，同样孩子也会对父亲充满爱。而在生活中，很多父亲不懂得表达自己对孩子的爱，他们最擅长的事情就是责备，他们认为责备孩子，孩子就会变得更好，这才是爱孩子。然而，过多的苛责和批评会让孩子误认为父亲是不爱自己的，甚至会让孩子产生叛逆心理。因此，父亲教育孩子需要找到爱与责的平衡点。

在生活中，我们经常会看到一些父亲，他们会满足孩子的一切要求，会给予孩子最好的物质生活，他们认为这就是爱孩子，他们没有适当地去管教孩子，这些孩子会因为缺乏行为约束，自制力下降，与同伴的人际关系也会变得很差，甚至会给他人带来伤害。父亲需要做的是既能让孩子感受到来自父亲的爱，又能让孩子遵循一定的原则。

## 爸爸带娃实例

在一档亲子节目中，记者采访了一些小学生，问他们对父亲的印象是怎样的，下面是被采访者的回答：

一位三年级的小男孩说道："我的爸爸是个高个子，平日里总是凶巴巴的，我很少见到他笑。他对我的要求也很严格，只要我犯错，不管是不是故意的，只要他知道了，肯定会骂我。所以我犯错后都不敢让爸爸知道。"

一位五年级的胖女孩说道："我的爸爸很爱我，他总是给我买爱吃的汉堡、薯条，还有可乐。虽然我现在已经是班里最胖的了，但是爸爸从来不说我胖，更不会因为我胖让我减肥。记得夏天，因为走路上学特别热，他就每天开车接送我上下学，要知道我们家距离学校只有500米的距离。"

另一位四年级男孩接着说道："我的爸爸就是一个暴躁狂，他经常打我，虽然我有时候很淘气，但是他认为男孩就应该被打。所以，我犯错了会挨打，不是故意犯错也会挨打。我认为我爸爸不爱我，不然他为什么动不动就打我？"

主持人听了三个孩子对自己父亲的描述，继续问道："那你们希望自己的爸爸是什么样子的？"

三年级的小男孩说道："我希望我爸爸不要老批评我，虽然我也常常犯错，但是我每次都不是故意的。他每次批评我，我都很难过，甚至都不想再和他说话了。"

五年级的胖女孩说道："我爸爸太爱我了，但是我还是希望爸爸能约束我一下，不然我吃得越来越多，会越来越胖，同学会嘲笑我，我自己也会很自卑。"

四年级男孩接着说道："我不想总是被爸爸打，我犯错不假，但是也不能总打我，我已经四年级了，我长大了，他怎么还是老打我？我感觉自己很没面子。"

坐在评审台上的教育专家听完三个孩子的话，说道："父亲对待教育问题多半是采用严格的态度，但是这并不意味着父亲不爱你们。同样，父亲严格要求孩子是没有错的，但是这并不代表要采用粗暴态度对待孩子，温柔的教育方式既能让孩子容易接受，也能让教育变得轻松简单。当然，过分溺爱孩子并不可取，该约束孩子时必须要约束，一味地放纵对孩子没有一点儿好处，反而还会让孩子产生自卑心理。"

### 爸爸带娃妙招

在现实生活中，有些父亲会抱怨道："我又不是教育专家，我怎么知道如何找到爱与教育的平衡点呢？"下面我们从这几个方面帮父亲们分析一下：

#### 1.教育孩子，父亲首先要"有理"。

父亲往往会站在大人的角度认为自己是长辈，孩子是晚辈，晚辈就应该听长辈的话。因此，他们在教育孩子的时候，对孩子做不到"讲理"，讲的只是"辈分"，用辈分来压制孩子，硬性要求孩子，给孩子灌输"必须听大人话"的思想。如果是这样的父亲，自然很难找到爱与教育的平衡点。因此，父亲应该平视孩子，而不是俯视孩子，无论遇到什么事情都要尊重孩子的意见，不要直接说自己的要求。

#### 2.教育孩子，父亲要有理有据。

做事情要有理有据，在教育孩子的问题上，也是如此。父亲要让孩子明白，父亲的教育是有依据的，不是简单粗暴地对孩子直接进行要求，给孩子讲清楚之后，孩子才会尊重父亲的建议，父亲也就找到了爱与责的平衡点。

### 3.教育孩子既要包容，又要有底线。

父亲在教育孩子的时候，一定要意识到孩子不是成年人，更不是完美的，他们的心智成熟度导致他们容易犯错，同时也很难避免继续犯错。因此，在孩子犯错之后，父亲要学会包容孩子的小错误和无心之过。同时，父亲对孩子的爱要有底线，对于原则性的错误或者明知故犯的错误，父亲要严格对待，绝不能纵容孩子，不能让孩子觉得自己犯任何错误，父亲都是可以原谅自己的。

父亲爱孩子，要让孩子活得像阳光一样明亮，同样也要让孩子长得像大树一样茁壮，这就要求父亲既要严格要求孩子，又要给孩子足够的爱。只有父亲找到了教育与爱的平衡点，孩子才能够茁壮成长。

### 爸 爸 带 娃 方 法 解 读

作为父亲，最大的成就便是和孩子一起成长，在这个过程中，父亲要学会平衡亲子关系。爱和恰到好处的教育，能让你与孩子的关系变得越来越亲密。找到责与爱的平衡点，站在平衡点上去关注孩子，你会发现孩子其实同样很爱父亲，也很想要理解父亲。

## 搁浅法：暂时忽略也能解决矛盾

在生活中，很多父亲容不得孩子的行为或言语有一丝一毫的偏差，甚至会对孩子的思想都进行约束，他们认为只有及时纠正孩子的所有看似不合理的行为或想法，才是对孩子真正的爱。我们不能否认，及时纠正孩子的错误对孩子的成长是有帮助的，但是从另一个角度来讲，我们纠正孩子的错误并不是为了让孩子记住错误，而是让孩子能够记住解决问题的方法。既然目的是为了解决问题，那么无论大小事，父亲总是摆出一副严肃、苛刻的态度，真的能让孩子找到化解矛盾的方法吗？其实，如果父亲看到孩子犯了一些小错，此时不去直截了当地批评孩子，而是暂时搁浅孩子的错误，给孩子充足的时间和空间，让孩子自己去发现错误或者是缺点，自己掌握解决问题的主动权，这才是最好的解决方式。

在教育孩子的过程中，父亲往往会站在自己的角度上去要求孩子，认为需要用高标准约束孩子。但是孩子则不这么认为，他们会觉得父亲太过苛刻，不体谅自己。久而久之，孩子可能会出现逆反心理，这样不但对事情的解决没有帮助，甚至还会让亲子感情变淡，父亲与孩子之间产生隔阂。解决孩子的问题时，需要父亲学会适当地搁浅，给孩子"自由发挥"的空间，让孩子学会主动地去面对问题和解决问题。这样一来，父亲会发现孩子变得更加独立自强，亲子关系也会变得更融洽。

### 爸爸带娃实例

张兵坐在沙发上看着儿子，他正用花生米在地上摆字，这次张兵没有斥责孩子，而是认真地看着。

儿子先是用花生米在地板上摆了一个"张"字，然后又用其余的花生米摆出"辉"字，因为他的名字就叫张辉。此时，可能是没有站稳，儿子不小心踩到了地上的花生米，将几颗花生米踩坏了。

儿子看了看张兵，以为父亲会骂自己，没想到张兵这次没有骂儿子，而是让他继续。儿子摆了一会儿，就觉得无聊了，此时，张兵对儿子说道："刚才玩得开心吧，现在你需要做的就是把花生米一颗颗地捡起来。"

儿子很积极地按照张兵的要求去做，张兵指着地上踩坏的花生米说道："这些也需要捡起来。"儿子照做，张兵没有再多说一句话。

到了中午，饭桌上多了一道菜，是用儿子玩过的花生做的炒花生米，其中不乏那些踩坏的花生米。

儿子看了看张兵说道："这些都踩过了，还能吃吗？"

张兵说道："花生米本身是没问题的，是你放到地上之后不小心踩碎的，但是这并不影响食用，我已经洗过了。"

儿子看着父亲坚定的态度，用筷子夹着踩坏的花生米吃了起来："爸爸，对不起，我以后不糟蹋粮食了。"

张兵看到儿子意识到错了，便安慰道："严格来说也不算糟蹋，我们都吃了，就不算浪费了。但是以后想要玩的时候，你可以选择拿石子来代替花生米。"

儿子笑着点点头，父子二人开心地吃起了饭。

张兵没有在发现儿子犯错误的时候，直截了当地批评孩子，而是选择暂时将问题搁浅，让孩子自己去发现问题、解决问题。在儿子踩坏花生米的时候，他观察了下张兵的表情，这其实就是主动认识错误的一种表现。最后，他向父亲承认错误，因为他意识到不应该将粮食当作玩具，这个问题其实是孩子自己解决的。

### 爸爸带娃妙招

父亲在教育孩子的过程中，要学会忽略孩子的一些小问题，将这些小问题暂时搁浅。那么在使用搁浅法的时候，要注意哪些事情呢？

**1."忽略"的过程就是父亲保持耐心的过程。**

父亲要记住，你忽略的不是孩子本人，而是孩子不恰当的行为。对需要消除的行为做到"视而不见"，这个过程是增强自己耐心的过程，但过后父亲要更加关心孩子或者是关注孩子。

**2.暂且搁浅孩子的一些"无关紧要"的错误。**

孩子犯错在所难免，但是对于孩子所犯的错误要区分对待。当父亲发现孩子犯的错很小，不会对他人或自己产生伤害时，则可以暂且搁浅，给孩子一个自我感知错误的机会，让孩子自己发现问题所在，这对孩子的成长是十分有帮助的。

**3.搁浅法的运用要适当。**

在处理孩子的问题时，很多父亲都是严肃的，甚至是严苛的。他们认为只有严格要求孩子，孩子才能避免犯错，长大后才能成才。但是如果事事都过于严格，孩子会产生一种惯性紧张的情绪，只要是父亲在场，孩子做任何事情都会紧张、缺乏自信，原本可以做好的事情，最终也会因为紧张而处理不当。因此，父亲没有必要事事都严格要求孩子，而是该严格的时候严格对待，该放松的时候放松对待。搁浅法能够让孩子拥有自我认知的能力。

父亲要学会善用搁浅法来处理孩子的问题，这种方法又被称为"缓兵之计"，即不急于去指出孩子的错误，而是给孩子自我反省的机会，让孩子自己发现错误。这样做既能锻炼孩子的认知能力，又不会伤害孩子的自信心。

### 爸爸带娃方法解读

父亲都希望自己能成为孩子的榜样，于是在孩子面前他们总是会表现出一种自带的"威严"感。殊不知这种威严可能会让孩子感觉压抑，尤其是在孩子出现问题的时候，他们需要的或许不是父亲及时的批评，而是一个独立思考的空间，而搁浅法能够让孩子有空间和时间去发现问题、解决问题。

## 孩子当众发难的解决之道

当你走在商场或者是大街上，是否会看到有一些孩子在公共场合无所顾忌地哭闹？孩子的父母在焦急地哄着孩子，希望孩子能够停止哭闹，而孩子哭闹的原因往往是希望父母能够满足自己的某些愿望，或者是满足自己的要求。这个时候，作为孩子的父亲该如何做呢？

在公共场合，如果孩子对你发难，作为父亲应该让孩子知道，在生活中孩子的一些行为之所以得到了包容，是因为爸爸妈妈很爱他，但是现在他们做出明显不正确的举动，必须要改正。

爸爸爱孩子，并不是包容孩子的一切，也不是让孩子无限度地突破大人的教育底线，我们要让孩子明白超出原则范围之外的事情，是不被允许的。不要让孩子认为，只要自己当着众人的面撒撒娇、哭闹、吼叫，父母就能满足自己的愿望。一旦孩子通过这种方式获得了一次成功，那以后孩子会更肆无忌惮地对父亲当众发难。

## 爸爸带娃实例

小王带着上了小学的儿子去书店买书，在回来的路上，他看到玩具店有一款新的变形金刚玩具。小王知道儿子十分喜欢变形金刚，但是这款玩具要300多块钱，小王认为没有必要给孩子买这么贵的玩具。

果然，儿子提出了自己的要求，说道："我想买那款新玩具。"

小王自然没有答应儿子的要求，儿子便站在玩具店门口，生气地嚷道："你什么玩具也不给我买，每次出来就是给我买书，只让我看书，不让我玩！"

小王看到儿子生气了，便劝说道："你的玩具还少啊？你现在都多大了，一天到晚就知道玩，现在是学习的时候，不是玩的时候。"

"我就想买个玩具怎么了？！你都好久没有给我买玩具了。今天要是不给我买那个变形金刚，我就不回去了！"儿子生气地说道，然后就坐在了玩具店的门口。

听了儿子的话之后，小王也很生气，他对儿子十分疼爱，但是儿子竟然威胁自己："你爱回去不回去，今天我肯定不会给你买的！"

小王的儿子开始哭喊："要是我妈妈在，肯定会给我买玩具的。"

小王越听越生气，便不再理他，转身向家的方向走去，任儿子在身后大声哭闹。此时，周围围了很多人，还有小区的熟人，有的人热心地哄孩子不要哭闹，有的人则拦住小王，劝说他不要跟孩子生气。

最终，小王因为面子的问题，只好给儿子将新玩具买了回来。

小王的经历想必有很多人都经历过。孩子当着众人的面给自己制造难题，这种事情是很多父亲所无法忍受的，有的父亲会直接责备孩子，接着无奈地答应孩子的无理要求，目的就是避免孩子当众让自己"难看"，其实这样根本起不到教育孩子的作用。

### 爸爸带娃妙招

孩子当众让大人为难，这并不是他们的目的，父亲要认识到这点，这不过是他们的手段，如果父亲能够弄清楚孩子的目的是什么，自然就能解决孩子当众为难自己的这道难题。

**1.先了解孩子为什么要这么做。**

孩子在公共场合发生为难父亲的行为时，父亲首先要想清楚，孩子这样做的原因是什么。比如，当孩子当着别人的面，故意将水倒在桌子上，可能是孩子希望通过这种行为来吸引父亲的注意力，以获得更多的关注。了解了孩子这样做的原因，才能找到解决问题的办法。

**2.不要急着批评孩子。**

有的父亲在经历孩子当众发难时，会觉得自己没有面子，为了彰显自己的"威严"，他们便直接批评孩子，甚至吼骂孩子，认为这样做能够让孩子听话，孩子也能够意识到自己的错误。其实不然，当父亲不分青红皂白地去指责孩子的时候，孩子的心里是委屈的，即便你说得再对，孩子的内心都会抗拒，他们会直接拒绝你。

**3.用协商的口吻与孩子交谈。**

我们可以试试采用协商的口吻与孩子交谈。比如，孩子希望买一个玩具，而你认为没有必要买，这个时候你可以与孩子商量："现在爸爸不能满足你的愿望，因为爸爸今天带的钱不够，等你过生日的时候，爸爸会满足你的愿望。"听了父亲的解释，孩子明白了父亲为什么当时不能满足自己的愿望，同时也给了孩子一个期待，让孩子明白等到什么时候，爸爸能满足自己的要求，这样孩子更容易接受你的建议。

**4.父亲不能失信于孩子。**

很多父亲在答应孩子某个要求后，因为工作忙或者其他原因，有时候会忘记自己答应了孩子什么。失信次数多了，孩子肯定会对父亲的话产生怀疑，再遇到同样的问题时，孩子不会再相信父亲。因此，父亲答应孩子的事情一定要做到，绝对不能失信于孩子。

爸爸在孩子面前一定要树立自己的威严，但是也不能因为自己的面子而伤害孩子。当孩子在公共场合提出不合理要求时，父亲可以告诉孩子为什么这个要求不能得到满足，同时尽量让孩子明白，在公共场合发生这样的行为是不礼貌的，也是不正确的。

**爸爸带娃方法解读**

孩子之所以会在公共场合对父亲进行发难，主要是因为孩子不知道用何种正确的方式来表达自己的想法或情感，作为父亲该给予孩子正确的引导，让孩子学会运用正确的方式来实现自己的愿望。只有这样孩子才能慢慢找到正确处理问题的方法，从而避免孩子当众对家长进行发难。

# 别把孩子当成"出气筒"

家庭教育，是父母共同关注的一个永恒的主题。迄今为止，还没有一个适合每个孩子的完美教育方法。

现在的生活压力很大，有的父亲在工作中遇到了一些不愉快的事情，回到家之后很容易对孩子发脾气。也有可能是因为其他的事情，回家之后看到孩子没有令自己满意，便开始对孩子一顿吼骂。我们要明白，坏情绪不应该转移到无辜的孩子身上，这个世界上没有完美的孩子，你自己也并非是完美的。

父亲将自己的负面情绪转嫁给孩子，在生活中我们经常会遇到。有些父亲还抱怨说："我也控制不住自己的情绪，本来心情就不好，回家之后看到孩子调皮或者不听话，就开始冲孩子发火。我知道这样做对孩子是不公平的，但是我真的控制不了自己的情绪。我知道孩子也挺无辜的，冲孩子发完脾气之后我也很后悔。"

**爸爸带娃实例**

一位爸爸带着上小学的儿子一起来参加一档亲子节目。节目组设计了一个游戏，即让孩子写一个关于父亲的愿望。

这个男孩写道："我希望我的爸爸回家之后能不冲我发火，我希望他能多爱我一些。"

主持人看到男孩写的愿望之后，便问道："爸爸经常冲你发火吗？"

"是的，他很长时间才回一次家，回家之后不知道为什么就开始冲我发火。"男孩无辜地说道。

主持人将男孩的信纸交给这位父亲，这位父亲看到儿子写的愿望之后没有说话。当主持人问他是不是会无缘无故地冲孩子发火的时候，他说道："我平时工作比较忙，他又比较调皮，回家之后老是觉得他不听话，所以会冲他发火。"

紧接着，主持人问在场的其他五位父亲，会不会将孩子当作出气筒，因为自己的原因冲孩子发火，而不是因为孩子的事情才生气，五位爸爸都说有过这种情况。

在生活中，很多时候并不是孩子犯了多么大的错误父亲才会生气，而是因为大人没有控制好自己的情绪，将孩子当作自己负面情绪的发泄口，不管不顾地冲孩子一顿吼骂。仔细想想，你发火真的是因为孩子不听话吗？未必如此吧，是不是多半是因为你自己的原因，而孩子的不听话只不过是导火索？

**爸爸带娃妙招**

那么，父亲如何避免将孩子当作出气筒、无缘无故地冲孩子发火呢？

**1.学会控制自己的情绪。**

爱发火的父亲往往不会控制自己的情绪，或者说不会在孩子面前控制自己的情绪，他们会在外人面前控制自己的情绪，却不会在孩子面前控制情绪。恰恰相反，父亲最应该在孩子面前控制情绪，因为孩子的心灵是脆弱的，他们更需要来自父亲的包容关爱，而不是无端的指责。因此，父亲要保持头脑冷静，不要因为工作中的事情而迁怒于孩子，这对孩子来讲是不公平的，还会危害到孩子的心理健康。

**2.正视孩子的不完美。**

正如世界上没有完全相同的两片树叶一样，世界上也没有完全相同的两个孩子。既然孩子都是不同的，父亲就不要总是拿别人的孩子来对比自己的孩子，觉得自己的孩子是调皮的、不听话的、不上进的、不优秀的。要知道世界上没有完美的人，更没有完美的孩子。因此，父亲要放平心态，认识到自己和孩子的不完美之处，只有这样才能真正了解孩子。

**3.学会欣赏孩子。**

父亲在评价自己孩子的时候，大多是带着挑剔的目光，用自己孩子的缺点和别的孩子的优点相比，总觉得自己的孩子这也不好、那也不好。其实，每个孩子都有优点，不能只看到孩子的缺点，看不到孩子的优点。眼睛总盯着孩子的缺点，这样就极其容易对孩子发脾气。我们不妨换个角度，多看看孩子的优点，多想想孩子的长处，不要将学习成绩作为评判孩子好坏的唯一标准。

只有正确看待孩子，才能避免对孩子发"无名火"，孩子才能变得独立、自信、有主见。对孩子来讲，他们希望获得父亲的认可，也希望获得父亲的理解。因此，父亲要多关注孩子的内心世界，让孩子感受到正面的父爱。

**爸爸带娃方法解读**

在很多父亲的潜意识里，都把孩子当成是自己的附属品，认为孩子必须听自己的话，这种观念在这些父亲的心里已经根深蒂固。然而，要想真正了解孩子，一味地摆出高高在上的姿态是不行的。我们要懂得如何去感知孩子，让孩子感知自己，时刻牢记孩子并不是你的"私有物品"，更不是你的"出气筒"。

第三章

与孩子相处，
父亲不可触碰软暴力

## 以偏概全，别对孩子心存偏见

　　用片面的观点去看待问题，这是人经常会犯的错误。一些父亲一旦认定孩子有某些缺点之后，便会认为他们的这些缺点一直存在。记得一位父亲说过这样的话："我女儿的学习成绩不好，一次考试后，老师反映她考试作弊，我很生气，打了她。后来又有一次考试，等她考完回来，我的第一反应是问女儿是否考试作弊了。女儿委屈地哭了起来，她说她就一次考试作弊，为什么我要一直怀疑她？"这样的父亲并不少见，很多父亲担心孩子犯错或者是孩子犯了一次错，便片面地认为孩子遇到同类问题时会经常性地犯错误。这样的想法或做法对孩子来讲是十分不公平的，甚至会让孩子感到不被信任，对孩子的成长是十分不利的。

　　在孩子眼里，父亲对自己的认可是十分重要的，如果父亲带着偏见去教育孩子，势必会影响他们的成长，甚至会让孩子觉得自己无论怎么做，父亲都不会满意，那么自己也就没有必要去改正错误了。聪明的父亲在陪伴孩子的过程中，是不会片面地去评价自己的孩子的，更不会对孩子产生偏见，他们只会用信任的态度对待孩子的每一次进步，给孩子足够的信任，从而让孩子自觉改掉自己的缺点。

### 爸爸带娃实例

肖明下班回家时，看到儿子已经放学回来了，他走到儿子面前，看到儿子低着头，发现儿子的脸上有轻微的擦伤，肖明突然想到之前儿子跟同学打架的事情，老师将肖明叫到学校处理问题。肖明看到儿子脸上的伤，以为和上次一样儿子又打架了，然后就恼火了，冲儿子嚷道："你脸上的伤是怎么回事？是不是又跟别人打架了？"

儿子原本低着头在看书，听到父亲的话抬头看了看他，说道："没有，是我不小心摔倒了弄伤的。"

"真的吗？我怎么看着不像，你是不是又打架了？"肖明不信儿子说的话，因为儿子自从上了小学后，已经和同学打过三次架了。

"爸，我真没打架，不信您问我们老师。"儿子有点不耐烦地说道。

"你要是再打架，看我回来不揍你。"肖明气呼呼地说道。

"您怎么就是不相信我呢，我脸上有伤，您就说我打架；我考试成绩好了，您就说我考试作弊；就连我说肚子疼，您都认为我是为了不想去学校装病的。反正您就是不信我。"儿子生气地嚷道。

的确，肖明总是认为儿子经常撒谎、惹事，所以只要儿子这边有一点儿风吹草动，肖明就会想到以往儿子犯的错，从而自己下结论，认为就是儿子做得不好、不对。其实，这样的想法并非只有肖明有，同为父亲的李飞也认为自己的女儿经常撒谎，而李飞之所以会对女儿有这样的认知，是因为女儿曾经撒过谎。那次，女儿想要去同学家玩游戏，又担心父亲不让自己去，便骗李飞，说自己要去同学家写作业。李飞很高兴地让女儿去了，因为在一个小区，李飞便没有送女儿。到了晚上九点，女儿还没回来，李飞便去找女儿，到了女儿同学家才发现两个孩子在玩电脑游戏。

当孩子犯过一次错误之后，很多父亲会认为孩子以后还会犯类似的错误，这样往往会让孩子感到委屈、不公平和不被信任。

### 爸爸带娃妙招

爸爸的这种先入为主的观念究竟是怎样形成的呢？其实多半是因为父亲对孩子缺乏深度了解造成的，毕竟孩子在成长的过程中，都会存在这样或者那样的缺点，作为父亲一定要多去了解孩子的成长细节，从而避免以偏概全，过早地给孩子下结论。

**1.爸爸不要总是翻旧账。**

在孩子犯错之后，很多父亲在孩子再次犯错时，会不由自主地"翻旧账"，将孩子很久以前犯的错误拿出来进行说教，这样的教育方法往往令孩子十分反感。比如，孩子之前因为调皮，在邻居家墙上涂鸦。过了一段时间之后，楼道走廊的墙上满是涂鸦，此时父亲便认为是自己孩子画的，毕竟孩子曾经犯过类似的错误。即便不是自己孩子画的，父亲还会拿这件事情来对孩子进行说教。孩子无缘无故受到父亲的批评，往往会觉得委屈、不公平。

**2.爸爸不要以点概面。**

有些父亲擅长由一个小问题去引出一个根本不存在的"大问题"，这样的教育方法也会让孩子觉得很委屈。比如，孩子只是不小心将筷子掉到了地上，父亲便以这件事为引子，指责孩子做事情不够仔细，以后无论做什么事情都会出现纰漏，等等。由孩子一次小失误，引出许多莫须有的问题，这样会给孩子造成负面的情绪影响，甚至会影响到孩子做事情的积极性。

### 3.爸爸不要由浅论深。

有些父亲善于讲大道理，对孩子来讲，听父亲讲大道理可能不是他们喜欢的事情。比如，孩子写作业的时候没有按照顺序写，老师让完成练习册上的1—5题，孩子做完第1题之后，直接做第3题，再做第5题，然后再做第2、4题。父亲看到了，便开始指责孩子做事情没有逻辑、没有规划等。这样的指责会让孩子感到很难接受，因为在孩子看来，他只是单纯地想按照难易程度做。

父亲在陪伴孩子的过程中，不应该总是站在"我认为"的角度去看待问题，而是要站在孩子的角度去看问题，只有这样才能避免对孩子产生偏见。如果父亲对孩子产生了偏见，那么很容易影响亲子关系，甚至会让孩子变得很自卑，这对孩子的成长显然是十分不利的。

### 爸爸带娃方法解读

没有人喜欢别人戴着有色眼镜看待自己，孩子也是如此。他们希望得到父亲的认可和尊重，更希望得到父亲的理解。因此，如果父亲总是用以偏概全的态度来对待孩子，孩子的内心势必会受到打击，同时孩子会觉得父亲不尊重自己，自己也不必尊重父亲。

## 大人讲尊严，孩子亦有"面子"

尊严是藏在一个人骨子里不屈不服的精神，它促使人积极进取，它使人拥有百折不挠的斗志，它更是与人相处时的底线。在生活中，成人讲究尊严和"面子"，于是我们在行走社会时，非常在意别人的评价与建议，更会受到他人的影响。在家庭教育的过程中，很多父亲意识不到孩子也是有尊严的。随着孩子的成长，他们很清楚什么事情对自己是有好处的，什么事情会让自己"没面子"。如果一位父亲不能意识到孩子是有尊严的，那么很容易在教育孩子的过程中伤害到孩子的幼小心灵。孩子感受不到来自大人的尊重，想必更不会尊重大人。

龙应台的一段话曾在网络上被疯狂转发："孩子，我要求你读书用功，不是因为我要你跟别人比成绩，而是因为，我希望你将来会拥有选择的权利，选择有意义、有时间的工作，而不是被迫谋生。当你的工作在你心中有意义，你就有成就感。当你的工作给你时间，不剥夺你的生活，你就有尊严。成就感和尊严，给你快乐。"

这段话写出了父亲陪伴孩子的意义，更表明作为父母我们一定要明白教育孩子的意义，我们要让孩子明白尊严的重要性。成人的尊严是在儿时养成的，我们想要让孩子成长为一个自尊、自立的人，就应该给予孩子一些空间和时间。

## 爸爸带娃实例

在大街的一个角落里有一个小乞丐，他跪在地上卖铅笔。这天，一个商人经过这里看到了他，留下1美金后，匆匆离去。过了一段时间，商人回来了，他走到乞丐面前，蹲下来对乞丐说："刚才我给了你1美元，但是我忘了拿走笔，现在我要拿走笔，我们都是商人，都是卖东西的。"于是，商人挑选了一根笔后，转身离开了。

商人走后，乞丐十分震惊，因为从来没有人对自己说过这样的话，也从来没有人将自己看作是"商人"。他看了看自己，迅速地从地上站了起来，拍了拍身上的尘土，整理了自己的头发，开始认真地经营自己的铅笔生意。几年之后，他果然变成了一个商人，在一个聚会上，他再次遇到了曾经买自己铅笔的商人，他对那位商人感激地说道："是您给了我尊严，让我成为了一名真正的商人。"

这个小乞丐之所以能够成为一个商人，是因为遇到了一个能够给予他足够尊重的人，这个人让他感到自己是有尊严的。我们在教育孩子的时候，也应该让孩子感受到自己是有尊严的。

马尔加又和同学打架了，父亲再一次被班主任叫到学校。在回家的路上，马尔加低着头一句话也不敢说，因为他明白无论自己说什么，都会招致父亲的一顿毒打。

回到家中，父亲和往常一样，拿出了执行"家法"的工具，是一根不粗不细的棍子，每次马尔加犯错父亲都会用这根棍子打他。

父亲每次打他的时候都会生气地喊道："我们家里穷，能供你上学已经很不错了，别招惹那些有钱人家的孩子，他们的父母都是有本事的人，你每次都不听。我让你打架！看我不打断你的腿！"

马尔加的心里一直觉得自己和别的孩子不一样，甚至觉得自己低人一等，平时别人骂他，他也不敢还嘴。这次之所以打架，是因为别的同学骂他的父亲，马尔加气不过才选择还手的，而自己的父亲却不问青红皂白，直接就是一顿毒打。

在当今社会，很多爸爸会努力提供给孩子充足的物质生活，却不知道保护孩子的尊严、培养孩子的自尊心。他们认为孩子这么小，哪里懂得什么是尊严，更不会细心地去呵护孩子的自尊心。这不但会让孩子变得自卑，同时当孩子觉得自己的尊严被践踏时，他们会失去主见，甚至会学着大人的样子用暴力的手段去解决问题。

### 爸爸带娃妙招

当孩子感受到来自父亲的尊重时，他们的内心会产生一种存在感，这能够激起孩子做事情的积极性。那么如何培养孩子懂得自尊呢？

**1.尊重孩子，让孩子感受到平等对待。**

父亲要从小让孩子感受到平等待人的重要性。可现如今很多孩子都受到不平等的对待，尤其是在父亲工作压力很大的时候，他们很容易将工作中的压力带到生活中，他们还希望控制孩子的一切。有个孩子说道："我希望将来有个属于自己的房子，只有我有房子的钥匙，我想让爸爸进去就给他开门，不想让他进去就不给他开门。因为现在他总是偷偷进我的房间看我在干吗，甚至还翻看我的东西。"

**2.正面引导孩子，给孩子留足"面子"。**

孩子也是要面子的，我们要学会从正确的角度去看待孩子。作为父亲更应该学着尊重孩子，给孩子留"面子"。

有这样一个故事：有一个音乐家，他回宿舍的时候发现屋门是开着的。他走进去后，发现一个穿着破烂的男孩，男孩正要去拿自己的小提琴。这位音乐家自然知道小男孩是来偷自己的小提琴的，他没有立刻赶小男孩走，而是对他说："这把琴我本来打算送人的，既然你这么喜欢，那我就送给你了。"

小男孩十分高兴，拿着琴走了。过了很多年，在一场小提琴比赛中，这位音乐家是其中的一位考官，等到考试结束之后，获得第一名的男孩走上台，向这位音乐家深深地鞠了一躬，说道："当年我没有钱，但是因为我特别喜欢小提琴，才想到去偷您的琴，您发现之后不但没有怪罪我，反而将小提琴送给了我，我很感激您。"

原来这个男孩就是当年偷琴的小男孩，这位音乐家当时没有戳穿他，让他拥有了尊严，得到小提琴后他努力地去学习，最终取得现在的好成绩。

**3.不要当众指责孩子，更不要将孩子的"丑"宣扬出去。**

爸爸当着所有亲戚的面指责女儿："你怎么这么笨，夹菜都能把筷子掉在地上。"女儿一声不吭，接下来女儿不敢再伸出筷子夹菜，只是不停地吃碗里的白米饭。父亲不要认为自己是孩子的家长，就可以肆无忌惮地批评和指责孩子，更不要觉得在众人面前指责孩子他们不会在意，其实这对孩子的成长是十分不利的，极易造成孩子的自卑心理，也容易使得孩子产生逆反心理。

**4.学会换位思考，站在孩子的角度思考问题。**

很多父亲只会站在自己的角度去看待问题，从来不去思考孩子为什么要这样做，我们要知道孩子只是个孩子，不是一个成年人。比如，孩子不小心打翻了酱油瓶，父亲批评孩子道："你怎么连这个都能打翻？真是笨死了。"然而就连成年人也会不小心打翻酱油瓶，更何况是一个孩子。

孩子希望得到父亲的认可和尊重，更不希望自己做的错事被别人知晓。所以父亲要了解孩子的心理，无论是做事情还是与孩子沟通，都要注意给孩子留"颜面"。不要频繁地践踏孩子的尊严，更不要认为孩子年龄小，根本没有所谓的尊严。爱孩子就要让他们看到希望，给他们创造希望。一个懂得尊重孩子的父亲，才能给孩子打造出充满希望的成长空间。

### 爸爸带娃方法解读

孩子犯下的所有错，都是其成长过程中的必然现象，我们该如何面对孩子的错误呢？作为父亲要懂得尊重孩子，对孩子说话要讲究方法和分寸，从生活琐事中让孩子感受到你对他的尊重。己所不欲，勿施于人。自己不想做的事情，我们也不要逼迫孩子去做。和谐的亲子关系是建立在相互尊重的基础上的，这样培养出来的孩子才会更加自爱、自信和自强。

## 就事论事，不能总是翻旧账

你是一位爱翻旧账的父亲吗？在生活中，有很多父亲喜欢"就人论事""情绪化论事"，面对孩子时，又有几位父亲能做到"就事论事"呢？尤其是在批评孩子的时候，我们总是带有一些主观情绪。比如，孩子喜欢看电视，我们便会说孩子不好好学习；孩子某道题做错了，会骂孩子笨；孩子将衣服弄破了，会骂孩子太调皮了……很多父亲习惯了这种教育方式，他们根本意识不到自己的错误，也意识不到这样做的后果。

"我早就告诉过你，不要这样做……""上次你就是这样做的，我早就说过，你就是不长记性……"类似这样的话，相信很多父亲都对孩子说过，这也是跟孩子翻旧账时常用的开场白，当然，这也是孩子最反感的开场白。我们要切记，父亲在教育孩子的时候最好做到就事论事，忌翻旧账。

## 爸爸带娃实例

"你怎么又做错这么多题？我就知道你做题时不认真，同样的题上次错了，这次又错了……"张维纶在不停地吼骂儿子。儿子上了小学之后，他一直担心孩子的学习成绩跟不上，每次孩子做作业时，张维纶都会陪在他的身边。或许正因为如此，孩子感到很紧张，平时会做的题总是做不对。

"爸爸，你别说我了，你越说我，我越紧张，越容易做错。"儿子委屈地说道。

"你紧张什么？有什么可紧张的？你这纯粹是找借口，以前你说谎我没打你吗？你这个毛病真是改不了啊！"张维纶继续吼道。

"爸爸，我没说谎，我看到你就紧张。"儿子哭着说道。

"哭，哭，这么大了就知道哭，真是没出息！"张维纶说道。

张维纶根本没有意识到孩子已经出现了心理问题，而产生心理问题的根源就来自于他的这种教育方式。在现实生活中，很多父亲会在孩子犯错之后，直接批评孩子当下所犯的错误，并且还会连带孩子之前犯的错，重新批评一次。这种连带式的批评方法，就是在不断强调孩子的弱点，深化孩子的错误，极其容易让孩子产生紧张情绪与自卑心理。

## 爸爸带娃妙招

就事论事说起来容易，做起来却很难，尤其是在教育孩子这件事情上。很多父亲出于教育习惯，总是惯性地翻旧账，想要避免这种教育方式，就需要做到以下几点：

### 1.学着包容孩子的缺点。

父亲应该学会包容孩子，包容也是爱孩子的一种方式，但包容并不意味着无休止地纵容孩子，而是可以通过合理的包容，让孩子感受到父亲的爱。毕竟孩子犯错之后最愧疚的是他自己，因此，在小错误上父亲选择包容孩子，能够给孩子足够的空间实现自我成长，并让孩子感受到父亲的爱。

### 2.不能情绪化论事。

父亲在教育孩子之前，应该先学会控制自己的情绪，尤其是在自己的情绪被生活或工作所左右的时候，一定要避免因为自身的原因牵连到孩子。善于控制自己情绪的父亲，不会迁怒于孩子，更不会迁怒孩子以往的过错。

每位父亲都希望将孩子培养成优秀的人，那么首先我们必须要重视自身修养问题。一个有修养的父亲培养出来的孩子自然也不会太差，当然，这需要一段漫长的沉淀过程。无论如何只要我们有意识地去管理自己的情绪，提高自身修养，就一定能够培养出一个好孩子。

**爸爸带娃方法解读**

一个总是喜欢用翻旧账的方式来批评孩子的父亲，很容易激化亲子之间的矛盾，因为这是孩子最为反感的批评方式之一。作为父亲应该意识到孩子犯错是在所难免的，一两次的错误不能定性孩子的未来，也不能定性孩子的品格。因此，父亲不应夸大孩子的错误，而是应该让孩子有足够的自信去改正错误。

# 无限压制，孩子的不满会"恶化"

在生活中，我们经常会看到有一些孩子很叛逆，虽然他们还没有进入青春期，就已经开始跟父母"对着干"，父母让他往东，他偏要往西。此时，很多父母开始抱怨："怎么现在的孩子这么不听话，小时候让干什么干什么，现在可好，让干什么偏偏不干什么。"其实，只要我们认真分析便不难看出，孩子并不是不听话，也并不是觉得父母的做法不对，而是逆反心理在作祟。这种心理之所以会形成，其实很大程度上与孩子所承受的压力和约束力是分不开的。

"我怎么说，你就怎么做，你要听话。"很多父亲会对孩子说这样的话，似乎只要是父亲的要求和建议，孩子就必须遵从，似乎父亲就是孩子的主宰，孩子不应该有自己的个性和发言权，这种高压状态，对孩子的性格养成是十分不利的。

许多父亲在教育孩子的过程中，不能站在与孩子平等的位置，或者说根本没有将孩子当成是一个独立的个体，而是将他们看成是自己的"附属品"。父亲认为自己社会经验丰富，所做的、所说的都是为了孩子好，孩子就应该事事听自己的，什么事都应该按照自己的意愿去做。其实，这种想法是不正确的，是有百害而无一利的。

## 爸爸带娃实例

日本治愈系编辑冈田麿里，在作品《无限》中，描述了一个上了初中的小女孩，别人给她起了个外号叫"无限"。这个小女孩在面临人生三大课题时，绝望的她选择不再做人，而是化身为喵星人"太郎"，为了躲避现实，她决定戴着猫脸面具生活。这个小女孩选择用这种方法来逃避现实。

各位父亲可以想象一下，如果自己的孩子用逃避的方式来面对现实生活，应该怎么办？

小樱有一个不好的习惯，每次她写完作业就会将书本摆在那里，自己从来不去收拾。作为父亲的老于看到女儿这样，每次都会唠叨："跟你说过多少次了，写完作业自己收拾一下，看你的学习桌乱的……"

面对父亲的指责，小樱无动于衷，仍然坐在一边玩自己的玩具。

老于不耐烦了，生气地走到小樱面前，将她手里的玩具夺过来，扔到一边，冲着小樱喊道："你没听见我说的话吗？我让你把学习桌收拾干净。"

其实父亲第一次说的时候小樱就听到了，但是她不想去收拾，原因很简单，因为她不想什么事情都按照父亲要求的去做。

"我不想收拾。"小樱不耐烦地说道。

"我让你收拾，你就得收拾，我是你爸，你就得听我的。"老于又说出了这句话，每次女儿不听话的时候，他都以"我是你爸，你就得听我的"作为"制服"女儿的手段。

小樱走进了房间，她重重地将门关上，一晚上没有走出房间。

"我是你爸，你就得听我的"这是很多父亲惯用的"话术"，他们认为这是一句十分有道理的话，这句话成为很多父亲解决一切教育问题的"法宝"。但是作为父亲的你是否仔细想过，这句话究竟是对是错呢？

其实，孩子的内心是承认父亲是长辈的事实的，但是这并不意味着父亲所说的话孩子都应该无条件遵从，因为他们不认为父亲拥有掌控自己的权利。不要再用这种强硬的手段来"制服"孩子了，这样造成的教育后果很严重，甚至会让孩子越来越叛逆。

### 爸爸带娃妙招

许多父亲意识不到自己的教育方式其实是在给孩子施压，他们认为自己做的都是对的，都是在为孩子好，殊不知这样反而会让孩子觉得是一种负担。那么，我们应该怎么做呢？

**1.不"以父之名"，压制孩子的思想。**

很多父亲总用长辈的身份来教育孩子，试图用自己的"威望"来说服孩子，让孩子按照自己的意愿做事情，这本身就是对孩子的一种不尊重。在教育孩子的过程中，不要用父亲的"威严"去压制孩子，更不要让孩子觉得必须听父亲的，而是应该让孩子自己思考。适当地放任自由，说不定会有意想不到的效果。

**2.给孩子发言权，别让孩子觉得不公平。**

在很多家庭中，孩子的发言权常常是被剥夺的，比如，孩子弄坏了玩具，很多父亲还不等孩子解释，就臆断孩子犯错的原因，"你怎么这么不小心""你怎么这么不懂得珍惜自己的玩具"，等等。当父亲剥夺了孩子的发言权，同时又按照自己的想法去评判孩子时，势必会让孩子的内心感到十分不公平。不让孩子说话，对孩子的成长是没有好处的。因此，在教育孩子的过程中，不要去抢先评价孩子、给孩子贴标签，而是要先听孩子说，让孩子先表达自己的想法，只有这样孩子才能从心底感觉到父亲是尊重自己的。

### 3.给孩子自己做选择的权利。

随着孩子长大，他们希望能够得到自己做选择的机会，不管是报不报兴趣班，还是穿什么衣服，他们都希望自己选择。这个时候父亲一定要给孩子机会，不要让孩子觉得自己没有能力做选择。父亲不要将自己的意愿强压在孩子身上，不要认为自己做的选择，一定比孩子做的选择正确。把选择的权利还给孩子，从而让孩子获得更多的参与感，这样才能让孩子形成独立自主的性格。

父亲爱孩子，但不能包办一切，更不能将自己的意愿强加在孩子身上，要给孩子足够的安全感，让孩子自己做主。每个孩子都渴望自由，如果父亲对孩子过于压制，会让孩子失去自由飞翔的能力，只能成为一个跟随在父亲身后的"小影子"，孩子的心理健康也会受到影响。

### 爸爸带娃方法解读

父亲要给孩子一定的自由，这里所说的并不是让孩子疯跑一会儿就是自由，而是让他们拥有选择权和自我控制的权利。孩子需要参与感，而参与感的直接来源就是选择权。如果不想让孩子对你感到不满，故意跟你作对，那么作为父亲就应该给足孩子空间和时间，从而让他们的天性得到释放。

# 不用消极比较伤害孩子自尊心

　　什么是消极比较？消极比较就是父母用一些否定、批评性的语言来评价孩子，而这种评价的标准则是与孩子年龄相仿的其他同龄人，或者是之前发生过的同类事情。在现实生活中，一些父亲会不由自主地对孩子进行消极比较，比如："为什么别的同学就会做这道题，你却不会？""别人全都知道读书，你怎么就知道看电视？"这些消极的语言不仅会伤害孩子的自尊心，还会让孩子感到十分无助。

　　父亲管教孩子并没有错，但是不正确的管教方式反而会适得其反。当父亲总是用比较的方式与孩子交谈，孩子不但认识不到自己的错误，内心还会失去平衡，这样达不到管教的目的。父亲这种时刻对比的行为，其实是一种攀比心理在作祟。

## 爸爸带娃实例

"我觉得我的父亲不爱我。"在一档亲子节目中，一位小女孩说道，"我觉得我的父亲爱我们班的郭子琪要比爱我多一些。"

听了小女孩的话主持人很惊讶，问她为什么会这样说，小女孩解释道："因为在父亲的眼里，郭子琪什么都是最棒的，学习比我棒，跑步比我快，画画比我好。反正在父亲看来，郭子琪是最好的孩子，特别聪明懂事，我是最笨的。"

接着主持人问道："你父亲是不是经常说你不如郭子琪？"

"对啊，只要我有什么事情做得不好，父亲就会夸奖郭子琪。"小女孩说道。

"那郭子琪的确像你父亲说的那么好吗？"主持人问道。

"她的学习成绩确实比我好，但其他方面也不如我，但是在我父亲眼里，她就是比我好。"小女孩继续说道。

主持人反过来问这个小女孩的父亲："您真的更喜欢郭子琪，超过了您的女儿吗？"

"我爱我的女儿，这点是肯定的，我平时这样说其实也就是想让她向郭子琪学习。郭子琪的学习成绩比我女儿好，所以我才常常用郭子琪来激励她。"父亲回答道。

"您觉得您这是在激励孩子？"主持人问道。

"对啊，我怎么可能会不爱自己孩子，爱别人家的孩子？我这样说无非是希望激励女儿，希望她学习更好，跑步更快，画画更好。"父亲解释道。

坐在一旁的教育专家按捺不住了，他们告知这位父亲这种做法是不正确的，这样做根本不利于激发孩子的上进心，反而会伤害到孩子。的确如此，先不说孩子的上进心是否得到激发，孩子竟然开始怀疑父亲对自己的爱。一旦一个孩子对父爱产生了怀疑，那么他对父亲的所有言行教育都可能产生怀疑，这样自然不利于以后父亲管教孩子。之所以小女孩会质疑父亲对自己的爱，主要还是因为父亲平时错用了消极比较的教育方法。

### 爸爸带娃妙招

每个人身上都有缺点，孩子也在所难免。平日里，父亲不应该总拿孩子的缺点与别人的优点进行比较，然后以此作为评价孩子的理由和依据。那么，父亲要如何避免使用消极比较的方法来教育孩子呢？

**1.看到孩子的优势所在。**

每个孩子都有优点，只要父亲耐心观察，便能找到他们的优势所在。当孩子犯错的时候，父亲不妨多想想他们的优点，这样能够很快平复自己的心情，避免使用错误的方法教育孩子。

**2.建立孩子的自信心。**

当孩子具备自信心之后，做事情才能有主见，才能降低犯错的概率，自然父亲也就很少会批评孩子。因此，父亲帮孩子树立自信心，可以让教育变成一个正向循环。

**3.接受孩子的平凡。**

一位北大教授在谈论自己女儿的时候说道："我以为我的女儿会遗传我的智商，万万没想到辅导她写作业让我很无奈，也很头疼。这个时候我才意识到她和其他孩子一样，也是一个平凡的人。我开始接受她的平凡，在后来的教育过程中，我反而觉得顺畅了很多，也不觉得辅导她写作业是一件难熬的事情了。"

在现实生活中，很多家长都不愿意承认孩子是平凡的，总是觉得自己的孩子应该是"天才""冠军"，他们甚至认为自己的孩子就应该做出一番惊天动地的伟业，但是要知道百分之八十的孩子都会平凡地度过一生，包括我们自己。因此，父亲只有接受了孩子的平凡，才不会因为孩子的一次小小的失误而大发脾气，更不会因为孩子的一次小小的失败而无比失望。

对于孩子来讲，他们希望得到父亲的赞扬，而不希望总听到自己父亲赞扬别人家的孩子。如果父亲总是拿孩子的缺点与别人的优点进行对比，孩子会觉得自己一无是处，产生自卑的心理，最终导致孩子形成唯唯诺诺、没有主见的性格。每个孩子都是独一无二的，因此父亲要善于发现自己孩子身上的优点，帮助孩子看到自己的不足，尊重孩子，让孩子做真正的自己。

## 爸爸带娃方法解读

在这个世界上，每位父亲都希望自己的孩子能够成为一个优秀的人，于是便对他们多了一些要求，有时甚至还会有一些苛刻的要求。这可能并不是坏事，但是如果父亲总是贬低孩子，他们只能接收到来自父亲的批评，而接收不到来自父亲的表扬，久而久之他们会变得消极、懦弱，甚至会让孩子怀疑父亲对自己的爱。

## 第四章

沟通有技巧，
爸爸不能「居高临下」

## 倾听哭泣，抓住消除隔阂的时机

通常情况下，当孩子哭的时候很多爸爸会觉得心烦。因为在很多父亲看来，孩子的哭声意味着自己的无能。在生活中经常出现这样的情形，孩子为了一点小事就开始哭泣，爸爸听到孩子哭，瞬间便没了好心情，感到十分恼火、不安和愤怒。于是，爸爸开始想办法止住孩子的哭声。有的爸爸会通过尽力哄孩子的方式让孩子停止哭泣，而有些爸爸开始责备孩子，希望通过自己的吼叫"吓"住孩子，让孩子停止哭泣。爸爸以为只要止住孩子的哭声，麻烦就消失了。

但是，父亲们仔细观察就会发现真实情况并非如此，孩子可能会如你所愿恢复安静，但是他们心里仍然不高兴，孩子的情绪会在长时间内处在低落的状态，打不起精神，他们会变得不再信任别人，有些孩子甚至会对生活中的一切都感到不满意。

在孩子哭泣的时候，父亲要做的不是直接批评孩子，而是换一种方式，即留在孩子身边学会安静地倾听，不打断孩子的哭泣，很多时候孩子的烦恼会随着哭泣逐渐消散，哭泣也会随之停止，原因很简单：哭泣能愈合创伤。

孩子通过哭泣来治愈自己所受的伤，之后他们会变得更加坚强和自信。倾听的过程很重要，父亲在这个过程中不需要做太多，但是必须要陪在孩子的身边，让孩子知道你是支持他的，你并没有因为孩子哭泣而反感他，最终使孩子能够重新充满信心和希望。倾听能够帮助孩子受伤的心愈合，也能够增进亲子感情，消除隔阂。

### 爸爸带娃实例

小宇已经上小学了，因为父亲工作的原因，他转到了新的学校。在新学校里，他感觉十分不适应，尤其是班里没有熟悉的同学。因为自己和大家都不熟悉，所以下课的时候没有同学主动和他一起玩。

回到家中，小宇很不开心。再加上自己养的小金鱼还死了，这让他感到十分难过，于是便开始哭了起来。

父亲下班回家看到了这一幕，但是他没有多说什么，而是坐在小宇的对面，递给他一张纸巾。小宇哭了五分钟，然后擦干了眼泪。

此时，小宇已经恢复了平静，父亲便开始问他："能不能告诉爸爸你为什么难过？"

"爸爸，我的小金鱼死了。"小宇说道。

"这个的确很遗憾，不过我们可以想想小金鱼为什么会死，以后再养鱼我们可能更有经验。"父亲耐心地说道。

"爸爸，在班里我没有好朋友，谁都不认识，我想念原来班里的好朋友。"小宇说道。

父亲意识到这才是儿子哭泣的真正原因，便对他说道："的确，现在这里是没有你熟悉的朋友，爸爸理解你。不过，儿子，你应该学着去交新朋友，你不可能永远和以前的朋友在一起，你也不可能总是待在一个环境里。人到了新的环境，就是要学着交新朋友，慢慢适应新的环境。"

听了父亲的话，小宇似乎明白了什么。

对于孩子来说，他们哭泣往往是有原因的，而这些原因是需要父亲耐心去了解的。孩子哭泣只是一种释放内心情绪的方式，父亲应该给予孩子机会去释放自己的情绪。

### 爸爸带娃妙招

当孩子哭的时候，爸爸应该做到以下几点：

**1.不要流露出不安，也不要给予忠告。**

既然父亲已经来到孩子的身边，那么，孩子势必会希望得到你的帮助。在这个过程中，作为父亲应该不动声色，不要有明显的不安感，否则只会让孩子不敢表达。例如，如果孩子哭泣的原因是从自行车上摔下来，摔疼了，而父亲如果表现出不安或者是不停地给孩子忠告，孩子的注意力会完全集中在自己的疼痛上，这个时候孩子根本听不进去你说了什么。父亲的不安只会让孩子觉得更加没有安全感，这对孩子的成长自然是没有好处的。反之，如果父亲安静地陪伴着孩子，孩子哭够之后，会重获安全感和自信，自然会十分迫切地希望了解刚才自己摔下来的原因，此时，父亲再提醒孩子该怎么骑自行车、如何避免摔伤等，孩子才会记在心里，忠告才会有意义。

**2.用和蔼的语气，请孩子把他的烦恼告诉你。**

孩子不可能无缘无故地感到委屈，而且孩子心里越委屈越不容易表露出来。

因此，这个时候父亲需要对孩子表明你想要了解他的烦恼，耐心地聆听孩子说出自己的烦恼。要遵循哭在前、谈在后的过程，这样不但有利于孩子说出自己的烦恼，还有助于你和孩子之间感情的加深，之后再遇到问题孩子更愿意和你倾诉。

### 3.不要对孩子的情绪作评论。

相信这点很多父亲都难以做到，因为我们习惯了站在自己的角度上去看待问题，也习惯了带着自己的私人感情去影响孩子。但孩子有自己的喜怒哀乐，有很多影响孩子情绪的因素可能是我们所注意不到的。在孩子伤心时，我们要求孩子"你该感到高兴才对"，这对孩子来讲是一种过分的要求。如果父亲能够做到感同身受，对孩子说"你不开心，爸爸也会不开心的，爸爸能理解你的感受"，这样就给了孩子正视自己情感的机会。而类似"别觉得自己委屈，都是你自己造成的"这样的话，只会让孩子觉得父亲不理解自己，原本父亲想要帮助孩子摆脱烦恼，可是现在却适得其反。

倾听孩子，并不意味着你认可了对方的情绪，也并不意味着你纵容了孩子的任性，作为父亲，你只是在帮助孩子摆脱不良情绪的困扰。孩子烦恼不能正常思考时会哭闹，孩子无助的时候也会哭泣，孩子希望通过哭泣来摆脱心里的压力和苦恼，而父亲倾听的过程就是帮助孩子逐渐消除不良情绪的过程。一旦完成了整个倾听过程，孩子就会恢复自己本来的判断力。

孩子哭闹时，父亲可能会听到孩子抱怨，比如，有些孩子会抱怨父亲不爱自己，或者是抱怨其他人不理解自己，这些都是孩子在宣泄烦恼时会说的话。因此，孩子在试图"哭掉"烦恼的时候，父亲要给予孩子"口无遮拦式的自由"。如果孩子能哭出来，并对爸爸说出自己最糟的感觉，孩子的烦恼就会逐渐消失的。孩子这样做也表明他们是十分信任自己父亲的，自然亲子之间也就没有了隔阂。

**爸爸带娃方法解读**

父亲是孩子生命中重要的人，父亲要理解孩子对哭泣的需要。哭泣的过程并不一定是孩子欲望的表述，很可能是他们宣泄情绪的一种方式。孩子能够通过哭泣来进行自我治愈，因此在这个过程中，父亲要做的就是默默地陪伴他们，认真地聆听孩子的哭泣，给他们足够的安全感，这也是消除亲子之间隔阂的有效手段之一。

# 出现分歧，别急着说服孩子

在生活中，父亲与孩子出现分歧是常有的事情。通常情况下，父亲会在出现分歧之后，想办法让孩子按照自己的意愿去做事情。当父亲与孩子出现分歧之后，父亲想的不应该是如何改变孩子的思想，而是要想清楚为什么孩子的观点会与自己的观点不一样？这个是最重要的。

但是很多时候，父亲总是急于说服孩子，希望孩子按照自己的想法去做事情，他们不知道这样的想法反而会让孩子感到十分压抑，甚至怀疑自己的判断力。出现分歧并不可怕，可怕的是作为父亲的你不分青红皂白，逼迫孩子按照自己的观点去做选择或做事情。

随着孩子的成长，他们对外界事物有了自己的认知，这个时候的孩子不会什么事情都依赖父母了，也不可能单纯地按照别人的指令去做事情。他们有了自己的判断能力和想法，因此，他们会试图按照自己的意愿去做。面对孩子的这种成长特点，父亲要做的就是尊重孩子的想法，在出现分歧的时候一定要找到原因，别急着去说服孩子，更不要强迫孩子。

## 爸爸带娃实例

张明宇带着儿子东东去郊游，东东希望去山里玩，因为山里有小溪，而小溪里有小鱼，他想捞小鱼。但是张明宇却不希望去山里，一个原因是去山里的路程较远，另一个原因是张明宇不想让儿子疯玩，他想带孩子去博物馆，希望儿子能学到一些知识。

面对张明宇的提议，东东自然是不高兴的。但是张明宇似乎已经自己决定了这次出行计划，对东东说道："我觉得我们应该去博物馆，这要比去野外抓鱼摸虾有意义得多。"

"爸爸，你不是说带我去玩吗？去博物馆一点儿也不好玩，我想要去山里玩，我们班同学都说山里好玩。"东东说道。

"你就知道玩，我带你出去是希望你能学到知识，而不是单纯去玩的。"张明宇说道。

"可我不想去博物馆，我就想去山里抓鱼。"东东生气地说道。

"如果你不去博物馆，那这次出行计划就取消，你在家里写作业吧！"张明宇也十分生气。

"不去就不去！"东东生气地回到了自己房间。

原本东东十分期待这次外出，从几天前他就开始盼望周末了，他还答应了好朋友，捉到鱼之后将鱼带到学校去。因为这件事情，东东有一周的时间没有理张明宇，张明宇也十分生气，认为儿子只知道玩，不知道学习，还爱耍小脾气。

在生活中，类似这样的事情时有发生，随着孩子的成长，父亲与孩子出现分歧的次数也会逐渐增多，毕竟孩子不再是那个没有判断能力的小孩。

### 爸爸带娃妙招

随着孩子长大，他们对事情有了一定的认知，有了自己的想法，同时他们的心思也变得很细腻，因此，与父母出现分歧是常有的事情。那么，父亲与孩子出现分歧后，究竟要如何去做呢？

**1.询问孩子坚持这样做的理由。**

孩子做决定往往有自己的理由，不管孩子的理由是对是错，作为父亲都应该先了解孩子为什么要做这样的选择和决定。比如，东东想要去大山里抓鱼，其实就是为了上学的时候将鱼带到学校，因为他已经答应了好朋友。张明宇不问清楚孩子原因，直接"否定"孩子的想法，这对孩子来讲是不公平的。

**2.学着站在孩子的角度思考问题。**

父亲不妨站在孩子的角度上去思考问题，这样能够极大限度地避免与孩子产生思想上的分歧，也能避免对孩子产生误会。比如，张明宇如果站在孩子的角度看待这次出游，他应该能够想到孩子坚持要去野外抓鱼是有原因的，自然不会如此强硬，逼迫孩子按照自己的意愿去博物馆。

**3.尊重孩子的决定，给孩子大胆尝试的机会。**

也许孩子的决定是错误的，即使这样父亲也要给孩子尝试犯错的机会，这并不一定是坏事，这样反而能够让他们感受到来自父亲的尊重。当然，在孩子意识到自己错了之后，他们可能会主动按照父亲的思路去做事情。

每位父亲都希望孩子少走弯路，因此会想尽一切办法帮助孩子做正确的决定。在这个过程中，孩子可能不理解父亲，可能与父亲产生分歧，面对这样的事情，父亲要做的就是尊重孩子，如果不能够让孩子理解自己、按照自己正确的决定去做，不妨让孩子按照他们的意愿去做，当孩子经历数次失败之后，他们或许会变得更加勇敢，也会理解父亲，从而接受父亲的建议或想法。

## 爸爸带娃方法解读

父亲所做的一切决定初衷都是"为了孩子好"，但是很多时候父亲所谓的"对孩子好"，是他们所不能理解和接受的。这个时候父亲要做的不是急着逼迫孩子按照自己的想法去做，我们可以鼓励孩子按照他们自己的决定去行动，当他们按照自己的意图达不到目的的时候，再温柔地建议他们尝试我们的方法。

# 共进晚餐，饭桌上没有"父亲大人"

古人云"正饮食不责"，即吃饭的时候不去责备孩子。即便孩子犯了错误，在吃饭的时候父亲也不要去责备孩子，因为在这个时候责备孩子，不仅影响他们的食欲，还会影响他们的心情，对孩子身体是有百害而无一利的。说到这个问题，你不妨想一想你是否每天和孩子共进晚餐？

在饭桌上教育孩子听上去不是一件大事，好像批评几次也没有什么不好的结果。然而，教育孩子往往就是在日常细节中，而不是靠大的道理或者举动。与孩子共进晚餐，其实是利用这段温馨的时间了解孩子的一些心理变化。比如，在饭桌上父亲可以问问孩子有没有遇到开心的事情，了解孩子的交友情况等。这样不仅能让父亲更加了解孩子，还能够深化孩子与父亲之间的情感。

随着社会的发展，工作压力越来越大，父亲陪孩子一起吃晚餐的机会可能不太多，还有些父亲为了多玩一会儿手机、多看一会儿电视、多跟好友喝一次酒，牺牲掉陪孩子就餐的机会。他们可能认为这不是什么重要的事情，殊不知这样做会减少与孩子沟通的机会，失去了解孩子的机会，慢慢地你的心会与孩子的心越来越远。

### 爸爸带娃实例

街头，调查者在做问卷调查，他们的主要调查对象是10—15岁的孩子。在调查问卷上，有一道题是这样的：你的父亲陪不陪你一起吃晚饭？

在选择的100个调查对象中，选择"不经常"的人数是57个，选择"经常"的是15个，还有剩下的23个竟然选择了"从来不"。

先不管这23个选择父亲从来不陪自己吃晚饭的孩子是怎么回事，就说这57个选择"不经常"的孩子，他们的父亲可能偶尔陪他们吃晚饭，但不会每天都陪孩子吃晚饭。这个结果让调查者出乎意料。紧接着，调查者又看了15个选择"经常"的孩子做的另一道题。

在另一个问题的选择上，更让调查者感到意外：请问你喜欢与父亲共进晚餐吗？

在这15个孩子里，有10个孩子选择"不喜欢"，3个孩子选择"喜欢"，2个孩子选择"无所谓"。

为什么超过一半的孩子选择不喜欢与父亲共进晚餐呢？调查者采访了其中的一个孩子，这个孩子回答道："我爸爸和我一起吃饭的时候总是批评我，要么说我学习不好，要么说我这做得不对、那做得不对。每次和爸爸一起吃饭，我都感到很紧张。还有一次，吃完饭我就感觉到胃疼，我觉得是因为紧张，吃得太快造成的。"

通过调查结果不难看出，在生活中很多父亲不经常陪自己的孩子吃晚餐，而陪孩子吃晚餐的父亲中，也有一大部分人会选择在饭桌上"教育"孩子，这势必会给孩子造成一定的心理压力。

### 爸爸带娃妙招

父亲需要多陪伴孩子，因为陪伴能够加深亲子之间的感情，避免产生隔阂，而与孩子共进晚餐是一种最有效的陪伴。

**1.共进晚餐能提升孩子的认知能力。**

毕业于伦敦大学商业管理学院的赛维拉博士经过多年研究，发现和孩子共进晚餐可以很好地提升孩子的认知能力。孩子认知能力得到提高有助于孩子学习成绩的提升和对外界事物产生积极的反应。

**2.共进晚餐有助于孩子养成健康的饮食习惯。**

经过研究证明，父亲与孩子共进晚餐能够明显降低儿童的肥胖率。每周父亲能够与孩子共进晚餐达到三次，有利于孩子养成健康的饮食习惯。健康饮食习惯的养成，对孩子的身体发育是有好处的。

**3.与父亲共进晚餐有助于孩子表达能力的提升。**

在饭桌上父亲与孩子交流一天发生的趣事，甚至让孩子聆听大人之间的对话，这样对孩子表达能力的提升也是十分有帮助的。因为这样能够让孩子听到更多的词汇，能够提升孩子的语言应用能力。

**4.共进晚餐是相互了解的过程。**

在饭桌上，父亲与其他家庭成员之间的交流能够影响孩子对成人世界的认知，也能够加深孩子对父亲的了解。同样，父亲在与孩子的交流过程中，也能够加深父亲对孩子的了解。在彼此连接的状态下，就不容易产生间隙。

### 5.温馨的就餐氛围有助于孩子感受到爱。

温馨的就餐环境能够让孩子感受到幸福和爱。父亲陪孩子吃晚餐本身就是一件充满爱的事情。如果孩子的成长过程中充满了爱，自然有利于他们今后的学习和生活。

在现实生活中，部分父亲习惯用各种理由来为自己没有陪孩子吃晚餐做辩解。无论如何，父亲都应该珍惜与孩子一起用晚餐的机会，因为在饭桌上你可以了解到孩子一天的心情，也可以让他们了解你的想法，能够高效增进亲子关系。

## 爸爸带娃方法解读

共进晚餐看似一件轻松平常的事情，但是一些父亲却很难做到。作为父亲，务必争取用多一些的时间来陪伴孩子。与孩子一起用晚餐这个过程本身就是充满父爱的，同样，在这个过程中，父亲可以让孩子了解自己，父亲也可以了解孩子的生活和心情。

# 故意求助，给孩子一个被"仰视"的机会

你在孩子心目中是什么形象呢？或许在孩子看来，父亲的形象是伟大的、威严的、无可替代的，父亲做的决定，孩子似乎没有改变的权利。在孩子遇到困难的时候，他们会选择求助于父亲，父亲若在此时伸出援助之手，父亲在孩子眼中的形象就变得高大伟岸。有些孩子会向往拥有父亲一样的"威信"，希望被别人仰望，毕竟，在生活中孩子总是要用"仰视"的视角来看待父亲。

孩子的内心往往是脆弱的，而在孩子脆弱的时候，父亲就需要扮演一些重要的角色，即父亲就成为了他们治愈脆弱内心的"良药"。当父亲帮助孩子摆脱脆弱、重树自信之后，孩子内心中充满了对父亲的赞扬和崇拜，而这种被求助、被崇拜的感受也是他们所希望拥有的。

"希望长大后我能成为像我爸爸一样的人。"这句话我们似乎一点儿也不陌生，听到这样的话父亲总是会感到自豪和骄傲，因为父亲觉得自己在孩子心目中

已经树立起了高大的形象，成为了孩子的榜样。但是站在孩子的角度来讲，孩子希望自己也成为那个被"仰视"、被崇拜的人。作为父亲，为何不给孩子一次被"仰视"的机会，让孩子为自己感到自豪呢？

### 爸爸带娃实例

两个八九岁模样的小男孩在争吵，只听到其中穿蓝色衣服的男孩说道："我爸爸是世界上最厉害的父亲，他能用石头击中树上的苹果，尽管那棵树很高很高。"

另一个穿红衣服的男孩紧接着说道："这算什么，一点儿也不厉害，我爸爸才厉害呢！我们家的洗衣机出问题了，我爸爸竟然能修好，这可是一个专业技术活儿。"

"那算什么，我爸爸也会修洗衣机，我的学习桌坏了，我爸爸还会修呢！"蓝衣服男孩不甘示弱地说道。

"一次我骑自行车摔伤了，我爸爸抱着我跑到一家很远很远的医院，要知道我现在都已经50斤了。"红衣服男孩骄傲地说道。

"我爸爸厉害！只是有一次我把电视台调乱了，却不敢告诉爸爸，最后我告诉了妈妈，她帮我调好的。"穿蓝衣服的男孩说道。

"我也是，我害怕我爸爸，有时候不想跟他说话，因为不管我说什么，他总是批评我，感觉在他面前我一无是处。"红衣服男孩附和道。

"我也是，我有心事也不敢跟他说，他只会说我，要我别瞎想，怎么总是不好好学习。"蓝衣服男孩说完沉默了。

就这样两个小男孩你一句我一句地说个不停，不难看出他们都以自己的父亲为自豪，两个男孩都十分崇拜自己的父亲，他们总是站在"仰视"的角度来看父亲，因此很多事情他们不敢与父亲直接进行交流。

### 爸爸带娃妙招

在家庭中，有时父亲有必要保持自己的威严感，但是不要时时刻刻这样，惹得孩子不敢与你进行正常的交流。父亲要让孩子明白你的底线在哪里，同时也要让他们敢于和你讲心里话，要实现这样的"目标"，就需要父亲做到以下几点：

**1.故意示弱，给孩子机会，让孩子帮助你。**

很多父亲希望在孩子面前展现完美的形象，但这未必是一件好事。当父亲故意向孩子示弱，"请求"孩子帮助自己的时候，孩子的内心是亢奋的，他会为自己而感到自豪，从而增强信心。

**2.在孩子面前表露事情的原貌。**

很多父亲不希望让孩子看到自己失败的样子，也不希望让孩子看到事物的困难性，这样其实会让孩子觉得所有困难的事情只有父亲才能做，自己做不好。因此，父亲不妨让孩子看到真实的一面，给孩子一次锻炼的机会，当孩子能够帮助到父亲的时候，他们的内心是无比自豪的。

**3.故意做错，让孩子指正你的错误。**

每个人都是有缺点的，在家庭中父亲也不应该是完美无缺的，尤其是在孩子的心目中，父亲是可以有缺点的。如果父亲故意展现自己的缺点，引导孩子去指正，能够加强父亲与孩子之间的沟通，让孩子更加了解父亲。

每个孩子都希望像父亲一样厉害，在有些孩子的心目中父亲简直就是"万能"的。还是那句话，这并非是一件好事。因为当父亲的形象过于高大的时候，孩子便不敢主动与父亲进行交流，甚至会排斥与父亲沟通，这对父子、父女之间感情的深化是没有好处的。

一位教育学家说过："与孩子最好的沟通是建立在相互平视的基础上，而不是让孩子仰视父母。"当孩子一味地仰视父母时，他们的内心其实是胆怯的、无助的，他们不敢主动与父亲进行沟通，更不敢主动将自己的心事表露给你。因此，父亲不妨在恰当的时候向孩子示一下弱，让孩子帮助自己，给他们"俯视"自己的机会。

### 爸爸带娃方法解读

父亲都希望在孩子心目中建立完美高大的形象，于是很多父亲总是想尽办法去帮助孩子解决问题，让孩子意识到父亲是多么"厉害"。然而，当孩子总是仰视父亲的时候，他们的内心可能会更加无助和自卑。他们无法获得成就感，却又无时无刻不在成就父亲的成就感，这也成为孩子拒绝与父亲深入沟通的重要原因之一。

# 保持沉默，给孩子选择的机会

　　你的孩子是否尝试过自己做决定？相信很多父亲的答案都是否定的，因为在家里，孩子年龄是最小的，阅历也是最浅的，因此很多父亲不允许孩子有自己做选择的机会，他们认为大人帮孩子做就可以了，毕竟都是为了孩子好。但是，父亲的这种包揽选择权的做法会减少很多与孩子沟通的机会，甚至还会让孩子产生拒绝沟通的心理。有些时候即便父亲与孩子进行了沟通，父亲也不会尊重他们的选择，久而久之孩子便不再与父亲主动沟通了。

　　选择的过程，其实是锻炼孩子思维力的过程。当孩子需要做抉择的时候，他们的大脑在高速地运转，从而做出一个对他们来讲正确的选择。虽然有时候他们选择的结果并不是父母所期望的，但一定是孩子自己经过几番思索后想展现的真实想法。因此，还给孩子选择权就是在促进他们主动进行大脑思维训练，这对孩子今后的学习是有好处的。

所有人都希望掌控自己的选择权，孩子也不例外。当孩子获得了属于自己的选择权的时候，他们能够感受到来自父亲的尊重，自然从内心深处愿意与父亲进行沟通交流。在任何一个家庭中，孩子只有感受到自己存在的价值，才愿意说出自己所想，才愿意对父母展现自己真实的内心世界。

### 爸爸带娃实例

学校要开运动会了，丹妮报名参加了100米短跑比赛，但是回到家丹妮发现自己的鞋子都不适合跑步穿，她希望能够买一双新鞋子，可是妈妈没在家，她只好请求爸爸陪自己去商场购买。

父亲很痛快地答应了，到了卖鞋的地方，父亲对丹妮说："你可以自己选一双鞋子。"

听了父亲的话丹妮很开心，因为之前她和妈妈一起出去买东西，妈妈从来不让她自己挑选。丹妮指着一双粉色的运动鞋，对父亲说她喜欢这双。

父亲看了看丹妮手指的鞋子，然后对丹妮说："粉色的是漂亮，但是它特别不耐脏，你参加完运动会，鞋子就会被弄脏的。我觉得过不了多久，你就不喜欢它了。"

说完之后，父亲走到一双灰色的鞋子旁边，指着那双鞋子对丹妮说道："这双鞋子不错，颜色也耐脏，妈妈也不用每天给你刷鞋子。"

父亲示意店员，将灰色鞋子拿下来给丹妮试穿，丹妮很不情愿地试着那双鞋子，父亲看了看丹妮说道："这双鞋子看着很不错呀！"

"爸爸，我还是喜欢那双粉色的，我想买粉色的。"丹妮坚持自己的选择。

"我觉得灰色的更适合你参加比赛穿。"父亲说完，转身对销售员说道，"帮我拿一双新的。"

丹妮很生气，大声说道："说好的让我自己做选择呢！"

即便丹妮很生气，但是最终还是无法改变父亲的决定，她拿着那双灰色的鞋子，无奈地回了家。

一开始父亲让丹妮按照自己的意愿做选择，她以为可以自己做决定买一双喜欢的鞋子，但是父亲却言而无信，强势推翻丹妮之前的选择，帮她挑选了一双她并不喜欢的鞋子。

想必在生活中，很多父亲都有意无意地会做这样的事情，这样做会有什么结果呢？结果就是孩子对父亲越来越不信任，从而不愿意与父亲沟通，在孩子青春期时，他们会一改往日的"听话"模样，变得十分叛逆，还有一些孩子会变得没有主见，十分懦弱，逃避责任，面对所有事情都选择逃避。

### 爸爸带娃妙招

爸爸在陪伴孩子的过程中，不应该剥夺孩子的选择权。剥夺了孩子的选择权，其实相当于剥夺了孩子的言论自由，久而久之，孩子自然不愿意主动与父亲进行沟通。当然，在给予孩子选择权的时候，父亲要做到以下几点：

**1.不干涉孩子的选择。**

既然父亲答应了让孩子自己做选择，那么就不要再去干涉孩子。即便孩子的选择是错误的，父亲也要尊重孩子的选择。父亲可以保持对结果的沉默，让孩子感受选择带来的影响，让他们为自己的选择承担相应的责任，这有助于今后孩子做出相对正确的选择。

**2.保持沉默，不指手画脚。**

有些父亲答应了让孩子自己去做选择，但是却管不住自己的嘴，总是在孩子耳边唠叨，从而影响孩子的判断。既然父亲已经放手让孩子自己选择，不妨时刻提醒自己保持沉默、尊重孩子，最好整个过程中都不要参与。

**3.与孩子交流选择的技巧。**

虽然父亲不能影响孩子的选择，但是在孩子做出选择之前，父亲可以传授他们一些选择的技巧。这样做不是为了让孩子遵从你的意愿进行抉择，而是为了让选择的结果更能符合他们的心愿，毕竟很多孩子在选择之后会出现后悔的情况。

当一个人没有了选择权，也就意味着这个人没有了自由。父亲在教育孩子的过程中，不能剥夺孩子的选择权，适当让他们自己做选择，这不但能够提升孩子的思维力，还能够增加亲子之间沟通的机会。

### 爸爸带娃方法解读

在很多家庭中，父亲希望掌控一切，因此父亲经常会在不与孩子商量的情况下，包揽所有大小事情的决定权。久而久之，孩子便会习惯沉默不语，甚至拒绝与任何人进行交流，毕竟交流后的结果也不会如自己所愿。父亲不妨把主动选择权交还给孩子，让孩子感受到你的尊重，让他们自己决定自己的人生。

# 问题探究，分享彼此心得

当孩子出现问题的时候，父亲应该怎么做呢？一位网友说："每次孩子犯错，我都在和妻子商量如何处理这件事情。"其实在孩子出现问题的时候，家长最应该做的就是与孩子一起探讨，然后和孩子一起研究如何处理，这样不仅能够增强亲子之间的沟通，还能找出更适合解决孩子问题的方法。

恐怕世界上所有的父亲都希望能够了解自己的孩子，了解孩子的所有行为，从而找到避免孩子犯错的教育方式，然而在这个过程中，如果没有与孩子敞开心扉沟通，让孩子体会到问题的严重性，恐怕他们也不能深刻认识到自己的错误。所以，与孩子一起交流对某件事情的感悟和心得是十分有必要的。

最能加深亲子感情的方式之一，便是与孩子一起解决问题。当孩子与父亲一起完成了某件事情之后，孩子是十分喜悦的，甚至是兴奋的，这不仅能让孩子拥有成就感，更能让他们感受到和父亲在一起的时光是轻松快乐的。

**爸爸带娃实例**

一位父亲坐在茶桌前喝茶，似乎有什么心事。原来最近他的儿子学习成绩出现了倒退的情况，老师将其叫到了学校谈话，回来后他的心情很不好。

此时，儿子正在沙发上玩玩具，父亲喝了一口茶后，对孩子说道："儿子，爸爸想和你商量一件事情。"

儿子边玩边问父亲是什么事情，父亲继续说道："以后爸爸每天到家后要学习，这段时间内你不能发出声音，不然会影响爸爸学习的。"

儿子点点头后继续玩。父亲接着说："你一定不能影响爸爸。"

"您要学什么？"儿子终于好奇地问道。

"我要学小学三年级的知识。"父亲说道，他的儿子正好上三年级。

"我都上三年级了，您都这么大了，为什么也要学这些？"儿子看了看他，问道。

"你们现在学的很多东西爸爸都不会，正好你也上三年级了，我们可以一起学。"父亲提议道。

"您肯定比我学得好，您是大人。"儿子说道。

"那也不一定，爸爸年纪大，很多知识都忘记了，记性也不好。"父亲说道。

"好吧，正好您可以陪我一起学习。"

就这样，每天晚上这位父亲都陪孩子一起学三年级的知识，遇到难题时两个人就一起探讨，当父亲做对某道题之后，还会与儿子分享成功的心得；当孩子做对某道题时，父亲也会向他请教。三个月之后，儿子的成绩竟然名列前茅。

不得不说，这位父亲是聪明的，他在遇到孩子学习成绩差的问题时，没有急着去批评和指责孩子，而是先想办法，再与孩子一起解决。之后在与孩子一起学习的过程中，他也能够与孩子一起探讨，共同进步，这种方式不但带动了孩子主动学习，更加深了父子的感情。

## 爸爸带娃妙招

爸爸在教育孩子的过程中，需要站在平等的位置上对待孩子，尤其是与孩子交流的过程中，一定要给孩子话语权，尊重孩子。具体做法可以参考以下几点：

### 1.与孩子商量需要去做的事情。

很多事情并不是孩子愿意做的，很多父亲会直截了当地要求孩子，"去写作业""去洗漱睡觉"等。大部分父亲习惯了采用命令的口吻，要求孩子去做自己不喜欢做的事情，虽然孩子按照你的要求去做了，但是内心也是无比不情愿的。因此，父亲可以采取与孩子商量的方式，比如"你可不可以先写作业，写完作业我陪你一起玩""你能不能先去洗漱，洗完了我给你讲故事，你可以听着故事睡觉"等。用商量的口吻和孩子沟通，他们会更愿意接受自己原本不情愿去做的事情。

### 2.与孩子分享有趣的事情。

父亲要善于和孩子分享，有些父亲不擅长与孩子分享快乐，认为孩子不懂得大人的快乐，对大人的事情不感兴趣，其实不然。当你与孩子分享快乐的时候，你会发现他们愿意走进你的世界，与此同时，孩子也愿意将自己的事情分享给你，愿意让你进入他们的世界。

### 3.聆听孩子分享的事情。

其实孩子是希望将自己的所见所闻、喜怒哀乐统统和父亲分享的，他们希望父亲能即刻理解自己的心情、认可自己的想法。在孩子分享自己心事的时候，父亲一定要认真聆听，让孩子感觉到你是十分在乎这件事情的，只有这样孩子才会愿意长久地与你分享他的喜怒哀乐。如果父亲总是表现出反对，或者不耐烦的态度，那么孩子自然不愿意与你多交流。

与孩子交流是一门学问，作为父亲不仅要意识到孩子存在的问题，更要善于让孩子认识到自身的问题，这个过程就需要父亲采用合理的方式与孩子进行沟通。切记这种沟通方式是建立在平等基础之上的，同时，双方必须都具有话语权，这样才可以实现父亲对亲子沟通的构想。与孩子商量问题所在，并相互分享心得，这不但能让他们得到成长，对父亲来讲也能得到成长。

## 爸爸带娃方法解读

沟通本身就不是一个人的事情。与孩子沟通，更要注重互动。与孩子进行互动性的沟通，最重要的方式就是商量，商量如何做事情、如何去解决问题，这样的方式会让孩子拥有存在感和价值感。当然，父亲除了积极与孩子分享自己的事情，让他们进入到自己的世界里，还要引导孩子分享他们的内心想法，以这种方式全面了解他们的内心世界。

第五章

亲子互动，
让孩子感受父爱的力量

# 参与法：有爸爸的亲子运动会

　　孩子上学以后，学校为了提升学生的身体素质，会经常举办一些运动会，偶尔也会需要父母参与。一些父亲以工作忙为借口，很少参加亲子活动，他们认为有其他家庭成员参加就可以了，殊不知这项看似没什么意义的活动是多么的重要。

　　父亲参与这项亲子运动，会给孩子带来极大的认同感，让他们感受到父爱、感受到快乐。从父亲的角色定位来讲，父亲应该是孩子的良师益友，"玩"是孩子的天性，他们会在玩耍的过程中更容易产生成就感和满足感，从而获得更多的情感体验。作为父亲应该放得下架子，和孩子玩在一起、乐在一起，通过亲子运动会的形式，让父亲与孩子"疯"到一起，从而让父亲走进孩子的世界。这样不仅能调动起孩子参加集体活动的积极性，更有助于父亲与孩子建立亲密和谐的亲子关系。

苏联教育学家阿莫纳什维利说过："父亲在家里应当是有权威的人，他的威信越高，孩子对自己要求越严，孩子需要父亲，父亲应该是善良的、愉快的人，孩子小的时候，父亲要常常忘记自己是大人，像调皮的孩子和孩子一起玩，孩子长大了，父亲是孩子的知心朋友和导师，既严格又正直，言行一致，成为孩子的榜样。"从这段话中我们不难发现，父亲在家庭中不仅是孩子的导师，更应该是孩子的朋友，而朋友关系建立的前提就是要与孩子一起做游戏、一起玩。

父亲参加运动会从某种程度上来讲，表明自己是重视孩子的，孩子能够从中感受到来自父亲的重视和尊重。当然，在运动会上，父亲需要与孩子进行交流沟通，了解参加运动会的整个过程，在参加完之后还要与孩子聊聊这次运动会的所见所闻和汲取到的经验教训，以及畅想一下下次参加运动会的情景。这种其乐融融的画面，难道不是每位父亲所期望的吗？

在父亲与孩子一起参加活动时，孩子能够从父亲身上学到很多东西，比如，如何做到快速奔跑、如何将铅球扔得更远、如何与队友合作，等等，这些技巧的学习对孩子今后的成长是十分有帮助的，玩的过程就是父亲将自己的人生经验传递给孩子的过程。

## 爸爸带娃实例

在一段短视频中有这样的一幕：在学校举办的亲子活动中，有一个舞蹈表演的节目，参加舞蹈表演的都是父女，一共十位女孩，但只到场了九位父亲，其中一个女孩的父亲没有到场。这位没有父亲陪伴的女孩一直用羡慕的眼神看着其他父女。

过了一会儿，她的父亲终于来了，女孩兴奋地跑向父亲，抱着父亲，这个时候女孩开始擦眼泪。父亲问女孩为什么要哭？

女孩说道："我以为您不来参加了，别人的爸爸都来了。"

听了女儿的话，这位父亲连忙道歉，说道："对不起，宝贝，路上堵车，爸爸来晚了。"

在接下来的舞蹈表演中，这个小女孩表演得十分认真，跳舞动作比平时还要规范。在舞蹈表演结束之后，女孩露出了开心的笑脸，并喋喋不休地向父亲诉说着一些事情。

从父亲到达表演场地，女孩的每一个表情都能表现出她对父亲的期待。在整段视频中，我们看到这位父亲似乎并没有做什么特殊的事情，但我们和女孩却都感受到了深深的父爱。

## 爸爸带娃妙招

在与孩子一起参加运动会或者活动时，父子或父女之间表现出其乐融融的和谐感情，如同甘露一样滋润着孩子的心田。在玩耍的过程中，父亲不再是那个高高在上、威严的存在，而是自己的"伙伴"，那么，父亲和孩子一起参加亲子活动，究竟有哪些好处呢？

### 1.父亲是活力的体现。

在亲子运动会上，很多项目都是以游戏的形式出现的，但也需要一定的耐力和活力，尤其是在跑、爬、跳等方面，父亲的优势十分明显，因此，参加活动时父亲会表现得十分有活力，孩子在父亲的陪伴下能够玩得更愉快和兴奋。通过这些游戏，能让孩子感受到父亲的活力和积极性。

### 2.父亲是阳光的体现。

在亲子活动中，阳光是永恒的主题，而父亲是对"阳光"最好的诠释。有了父亲的加入，孩子会感到无比兴奋，同时也能够体现出自己积极向上、活力四射的一面。孩子在父亲的陪伴下，能够充满安全感，同时孩子会在父亲的鼓励下变得更加自信和坚强。父亲加入到亲子活动中，能够培养孩子积极向上、阳光乐观的性格。

**3.父亲是自信的体现。**

在亲子运动会上，有很多刺激的竞争行为，孩子对成功也有渴望，每个孩子都希望自己能够得第一名。显然，父亲的参与能够提升孩子的自信心，因为在他们的心目中，自己的父亲都拥有"超能力"。

父亲对孩子一生的影响力是巨大的。一位合格的父亲需要做到的就是让孩子感受到父爱的温暖、父爱的力量感。与孩子一起参加户外活动或亲子运动，不仅能让父亲感受到亲子间的温馨，更有助于加强亲子之间的沟通，让父亲更加了解孩子，在日常生活中孩子也会理解父亲。父爱的滋养是孩子一辈子的铠甲。

**爸爸带娃方法解读**

有的父亲总是抱怨孩子不理解自己，而孩子也总是抱怨父亲不能体谅自己，这只能说明亲子之间共同完成目标的机会太少。在亲子运动会上，父子、父女之间是有共同目标的，而面对共同的目标，父亲与孩子会同心协力，变得相互理解和体谅，从而达成共同目标。这样不但能够加强亲子之间的沟通，还能培养孩子的团队合作能力，因此，亲子运动会无论是对父亲，还是对孩子来讲，都是一项很有意义的活动。

## 反挫法：同孩子一起克服困境

作为父亲，总是希望将最好的留给孩子，不管是在物质上，还是在精神上。父亲的行为无非都是希望孩子能够健康成长，希望孩子拥有一个美好的未来。当然，每个人的教育理念不同，很多父亲希望自己的孩子能够在困难面前坚持不懈，但是极少数父亲会意识到，孩子遇到困境的时候，也是了解孩子的最佳时机。

很多父亲认为，孩子遇到困难的时候，应该让他们自己去解决问题，这看似没有什么错误，但对孩子来讲，有些困难是他们自己根本没办法解决的。因为年龄关系，他们的心理还不够成熟，心智发育还不完善，这就会导致孩子在一些困难面前不知所措，找不到合适的方法去解决困难，从而丧失信心。这个过程对孩子来讲是痛苦的，也是残忍的。

这些父亲打着锻炼孩子意志力的旗号，希望他们能够解决自己遇到的所有问题，一旦孩子不能解决，这些父亲便开始指责、批评、教育他们，似乎孩子不能解决这些困难就是错误的、无能的、失败的。父亲不妨反过来想一想，作为成年人也会有遇到困难无从下手的时候。因此，在父亲发现孩子无法处理某些事情的时候，应该站出来想办法与孩子一起克服困难，这个过程是必要的。在这个过程中，父亲不要担心孩子会养成依赖的心理，通过努力仍然无法解决的问题，肯定是需要别人帮助解决的，之后再遇到类似的情况，他们才能知道如何应对。

## 爸爸带娃实例

美国最高法院大法官约翰·罗伯茨，他在自己孩子的毕业典礼上这样说道："我希望你们在失败的时候，会得到对手的嘲笑，希望你们能够感受到孤独，希望你们被人无视，希望你们能够感受到痛楚，希望你们没有足够的运气。"

他为什么会这样想呢？

因为他认为孩子应该经历挫折，只有孩子经历了挫折，他们才能明白公平的价值。而另一位父亲也是这样做的，但是却给孩子造成了困扰。

彼得是一位10岁男孩的父亲，儿子回到家，身上沾满了污渍，头发上也是泥土。彼得很惊讶，便询问发生了什么事情。

儿子说道："我的篮球被一伙儿大孩子抢走了，我和他们打起来了。"

听了儿子的话，他并没有紧张，因为他觉得这件事情需要儿子自己解决。"那篮球拿回来了吗？"他问道。

儿子看了一眼彼得，生气地说道："没有。"

"你应该想想别的办法，将自己的篮球抢回来。"彼得说道。

"但是我只有一个人，他们有四个人。"儿子解释道。

儿子似乎在希望彼得帮助自己做些什么，但是彼得没有再说什么。

第二天，儿子回到家，不但身上全是泥土，脸上也多了几块淤青。很显然儿子又和别人打架了，彼得想肯定是儿子想要拿回篮球，但是对方不给。

"实在不行，你就别要了，等你过生日时我再给你买一个新篮球。"彼得说道，因为他觉得这并不是什么重要的东西。

"不行，那是我的篮球。"儿子生气地说道。"您为什么不能帮帮我，他们人多，我根本抢不回来。"儿子抱怨道。

彼得却依然在看手机，他似乎没有意识到儿子的情绪发生了变化，也没有感受到儿子的无助。

不得不说，彼得这样做会给孩子造成心理阴影，因为他总是在忽视孩子面临的困境，认为孩子可以自己解决问题。当孩子解决不了时，他也不会帮助孩子从正面解决问题。

### 爸爸带娃妙招

父亲要锻炼孩子解决问题的能力无可厚非，但是总会有些问题是孩子解决不了的，这个时候就需要父亲伸出援助之手，与孩子一同面对困难和挫折，帮助孩子走出困境。这个时候父亲需要注意哪些方面呢？

**1.解决问题过程中，站在孩子的角度看待问题。**

一些父亲会认为孩子面对的困难看起来很容易解决，这是因为父亲没有站在孩子的角度去思考，而是站在了自己的角度上看问题。可能站在成人的角度上看待孩子的问题，是极其容易解决的，然而我们站在孩子的角度上看这些问题可能觉得非常棘手，是他们力所不能及的。只有站在孩子的角度去看问题、理解孩子，才能够解决问题。

**2.与孩子一起克服苦难，多听听孩子的意见。**

"这件事你做不了，你按照我这样做就行。"一位父亲说道。原来他在帮孩子完成手工作业，儿子做不好手工灯笼，他提议帮孩子做，并不希望孩子插手。

既然是孩子遇到的困难，在解决的过程中，我们一定要多听听孩子的意见，只有这样才能让孩子更愿意去尝试用多种方法解决问题。有些父亲在与孩子一起解决问题的过程中总是一意孤行，根本不问孩子的建议或意见，这不利于亲子关系的和谐。

### 3.不去指责孩子，父亲充当指引的作用。

即便是帮助孩子解决问题，父亲也要明白自己在整个过程中充当的只是指路牌的角色，而解决问题的主体还是孩子。这点父亲必须要把握好，否则孩子会认为如果遇到困难，自己可以逃避，解决是父亲的事情。在困难面前，父亲要与孩子多沟通，让他们能够积极主动去寻找解决的办法。

聪明的爸爸会发现，在孩子遇到解决不了的问题时，也是增进亲子感情的最佳时机。因为在这个时候，孩子会希望爸爸能够帮助自己。如果一个孩子在遇到困难之后，不敢去求助于父亲，父亲自然就没有了解孩子、与孩子深入交流的机会。

**爸爸带娃方法解读**

与孩子一起面对挫折是十分有必要的。在与孩子一起解决问题的过程中，父亲不仅能够了解到孩子对知识的掌握程度，还能了解孩子的性格发展和心理变化。与孩子建立和谐亲密的亲子关系，需要父亲在各种细微小事中投入更多的精力，与孩子一起面对挫折，能让他们感受到父亲是自己的强大后盾，能增进孩子对父亲的信任感，从而增进双方的感情。

## 兴趣法：打造亲子共同的兴趣项目

在当今社会，每个孩子都是家长手心里的宝。让孩子吃得好、穿得好，这自然不必多说，很多父母还希望孩子拥有自己的兴趣爱好，让孩子对世界有更多的认知和体验，这看似没有错，对孩子来说也是好的，或许孩子还能够在实现自己兴趣爱好的同时，寻找到知音或朋友。如果父亲想成为孩子的知音或朋友，就需要培养与孩子相同的兴趣爱好，只有这样孩子才能更愿意与你分享。

要培养与孩子共有的兴趣爱好，就需要父亲花费一定的时间和精力去了解孩子。有的父亲总是以工作忙、没时间为理由，很少陪伴孩子，可想而知，很少陪伴孩子的父亲又怎么能知道孩子的兴趣爱好是什么呢？

父亲可以在日常生活中，深度挖掘孩子的兴趣爱好，切记不要盲目跟风，不要给孩子压力，尊重他们的喜好，然后了解相关内容，继而建立和孩子相同的兴趣爱好。在有了相同的兴趣爱好之后，共同语言就多了，也就更能了解孩子遇到事情时真实的想法，孩子也更能体谅父亲的良苦用心。像朋友一样相处，不管是父亲还是孩子都会轻松很多。

### 爸爸带娃实例

小李发现女儿上四年级之后，就很少和自己交流了。每次问她什么，她也是有一句没一句地进行回答，小李想可能是自己陪伴孩子的时间太少了。

这天，他看到女儿正在画画，便走过去问女儿画的是什么，女儿没回答。他看到女儿画了一间小房子，还画了一棵大树。小李坐在孩子面前，看着她画画。之后女儿开始跟小李讲述自己为什么要画房子，为什么要画一棵没有果实的大树。

小李发现谈论到画画的时候女儿会很开心，也很主动和自己分享。于是，小李决定自己也学习画画，他利用业余时间在网上报了一个线上的绘画培训课程。女儿发现父亲也在学画画，非常感兴趣，便跟着父亲一起听课，两个人没事就一起探讨关于画画的知识和技巧。

渐渐地，小李发现女儿和自己的交流越来越多，他也越来越理解女儿的一些想法。他了解到女儿喜欢画画，并且希望长大后成为一名画家，小李觉得女儿的想法很好，他向女儿表达了自己的支持。

如果父亲希望与孩子交流得更多，更了解自己的孩子，不妨与孩子建立共同的兴趣爱好，成为孩子的好朋友，而不是高高在上的"父亲大人"。

### 爸爸带娃妙招

爸爸不缺席孩子的成长，会让孩子感觉到无比的幸福。在孩子心中，他们希望父亲能够多陪伴自己，能够了解自己，和自己成为朋友。因此，父亲不妨从与孩子建立共同的兴趣爱好入手，从而促进相互交流和了解。

**1.所建立的共同爱好应是积极的，对孩子的成长有帮助的。**

有些父亲喜欢看手机，孩子也喜欢看手机，于是两个人一起看手机、打游戏。我们不能说偶尔放松娱乐一下是错误的，但是这对孩子的成长恐怕没有太大的益处。

一位记者采访一位小学生，小学生说："我最开心的事情就是和爸爸一起做有意义的事情。"

记者很好奇，问做什么有意义的事情，小男孩说道："就是和父亲一起读书，我们家有一间书房。在书房里，父亲会和我一起读书，他会把自己的手机放在其他房间里，我觉得每天的这段时间是我最期待的。"

坚持阅读可以使人拓宽眼界、思维得到提升，可以使生活更加充实、丰富，相对来说也是容易做到的。我们与孩子建立共同的爱好时要明确，这些爱好一定应是对孩子的成长有帮助的。

**2.尊重孩子的选择，打造亲子共同感兴趣的项目。**

有些爸爸以自己的想法为出发点，逼迫孩子对某项活动产生兴趣。比如，父亲想让孩子提高身体素质，就要求孩子去学习跆拳道，而他们本身对跆拳道不感兴趣，只是父亲觉得孩子需要学习，或者父亲自己感兴趣，于是便逼迫孩子去学，他认为这就是建立双方共同感兴趣的娱乐项目。要知道，兴趣爱好并不是逼出来的，父亲一定要站在孩子的角度，尊重孩子的兴趣爱好，只有这样才能赢得孩子的好感和尊重。

**爸爸带娃方法解读**

通过与孩子建立共同的兴趣爱好，从而加强彼此之间的沟通与了解，让孩子感受到来自父亲的爱与温暖。爸爸与孩子建立共同的兴趣项目是为了多一些陪伴孩子的机会，多一些与孩子交流的机会，而不是为了左右他们的兴趣，让他们遵从你的思想，这是所有父亲都应该注意的。

## 联结法：用诚实去联结孩子的情绪

在生活中，如果每个人都能诚实地表达自己的情绪和需求，那么人与人之间的摩擦会减少很多，和孩子沟通时也是如此。父母在与孩子进行沟通的时候，孩子可能会不发表意见，甚至拒绝和父母交流。之所以会出现这种情况，很可能是因为父母在与孩子曾经的沟通中失去了诚信。

"爸爸说不允许我吃烧烤，但是他自己却可以吃。我问为什么我不能吃，他说因为我是小孩。还有一次，爸爸说周末带我去游乐场玩，但是周末也没有去，我问为什么不带我去，他说他当时只是随便说说。"一个男孩抱怨道。

"随便说说"可能会让孩子对你失去信任，甚至会拒绝与你进行沟通。父亲与孩子交流，起码应该做到诚实守信。只有足够诚实，才能让孩子愿意与你进行交流，你才能了解孩子的情绪变化。当孩子能够诚实地表达自己的情感和意愿时，父亲才能真正了解孩子，避免与他们产生误会。

**爸爸带娃实例**

下午放学，爸爸带着琪琪去楼下踢足球，琪琪还约了几个小朋友，大家兴高采烈地开始一起玩。突然琪琪不小心摔倒了，因为刚下过雨的关系，琪琪的衣服被弄得又湿又脏。他开始发脾气，于是将足球扔到水坑里，哭了起来。

爸爸看到了这一幕十分生气，便指责琪琪为什么会不小心摔倒，将衣服弄脏不说，还发脾气。

琪琪十分不开心，晚上，爸爸问他为什么下午摔倒了要哭和发脾气。

琪琪依然不开心，说道："我的衣服湿了，很难受，您在一边只顾着玩手机，也不帮帮我。您不是说过吗？在我踢球的时候不玩手机，会全神贯注地看我踢球。"

听了儿子的话，爸爸无言以对，因为他的确说过这样的话。相信这是很多父亲会犯的错误，他们认为自己说了但做不到根本没有什么影响，殊不知这对孩子的成长是十分不利的，甚至会使得孩子产生负面情绪。

**爸爸带娃妙招**

在生活中，父亲要与孩子坦诚相待，要让孩子学会诚实地面对自己的情绪，那么，父亲究竟要如何去做呢？

### 1.父亲要诚实地对待孩子。

当孩子产生不良情绪的时候，父亲首先要反省自己，是不是之前说过什么没有做到，可以耐心真诚地询问孩子，找到问题所在才能解决问题。父亲说话一定要谨慎，对于自己说过的话，要做到君子一言，驷马难追，不要轻易许诺，不要觉得都是小事，是能够弥补的，只有这样孩子才能对父亲产生信任感，愿意与父亲分享心事。

**2.引导孩子诚实地表达自己的心情。**

很多孩子不希望将自己的懦弱或者是胆怯表露出来，比如，当孩子害怕参加一些运动时，他们可能会表现得十分紧张，而当父亲问他们为什么紧张时，他们可能不愿意表露，从而拒绝回答父亲的问题，甚至会编造一些其他的原因来搪塞父亲。面对孩子的这种不诚实表达情感的情况，作为父亲一定要坦诚相待，给予孩子正确的引导，让孩子对父亲产生足够的信任，从而愿意表露自己真实的心情和情绪。

每个孩子都是家庭的希望，父亲都希望孩子能够生活在积极的情绪下，不被负面情绪影响，从而沉浸在消极情绪中。父亲与孩子的沟通要建立在诚信的基础之上，只有这样，今后孩子在遇到困难或者困惑时，才愿意将自己负面的情绪告知你，你才有机会帮助孩子化解负面情绪，从而让孩子开心快乐地长大。

**爸爸带娃方法解读**

爸爸的形象往往是威严的，正是因为如此，导致很多孩子不愿意将自己的心事告知父亲，甚至不愿意与父亲沟通。而父亲想要了解孩子，就需要让他们学会诚实地表达自己的内心所想，这就需要父亲在沟通的过程中与孩子建立相互信任的关系，一定要避免失信的情况发生。失信的情况发生的次数多了，后果将不堪设想，亲子关系修复将难上加难。

# 角色互换法：了解孩子的日常任务

角色互换，说得简单一些就是让孩子尝试扮演父亲的角色，父亲尝试扮演孩子的角色。这样做能够让彼此更了解对方一些。

一位心理学家曾经说过："你不是别人，所以你不知道别人的痛苦。"的确，父亲总是站在成人的角度去看待孩子，他们不会理解做一道题怎么可能需要花费一个小时的时间，一篇作文怎么会那么难写出来。如果父亲站在孩子的角度进行思考便会理解孩子，这道题有些超纲，确实有难度，看完作文的题目确实毫无思路可言，因为自己根本没有经历过。如果一个父亲真正理解孩子，便能够从孩子的角度思考问题，帮助孩子解决问题，从而走进孩子的内心，获得孩子的认可。

父亲在与孩子互换角色相处的过程中，会意识到：如果我是孩子，会希望父亲怎么去做？孩子都希望自己的父亲是充满爱心、耐心，讲道理的。所以，父亲在与孩子沟通的时候，一定要抛弃"天下无不是的父母"的观点，平等对待孩子，通过角色互换更加理解孩子，只有这样他们才愿意与你谈自己的心事，才愿意接受你的建议和要求。

## 爸爸带娃实例

在一档综艺节目中，主持人宣读了游戏规则：父亲要按照孩子的日常生活习惯来做事情，而孩子要担负起父亲的责任，这样的行为要坚持两天的时间。

于是，观众看到了这样的情景：孩子每天早起送父亲去公司上班，然后再自己去上学，放学之后要去接父亲下班，回到家之后，孩子要打扫卫生、做饭、洗衣服，而父亲要做的就是饭后继续去工作。到了周末，父亲可以赖床不起，而孩子需要起床做饭，然后擦地，紧接着饭后孩子要完成刷碗的工作。

两天的期限到了，主持人采访孩子有何感受，孩子说道："父亲真的很辛苦。"在场的所有嘉宾都笑了。

紧接着主持人去采访这位当了两天"孩子"的父亲，他说道："不能玩手机、不能看电视，下班回来继续工作，的确十分枯燥。"

一时之间，孩子体会到了父亲的辛苦，父亲体会到了学习的枯燥，两个人开始能够相互理解，接下来两个人的关系会更加融洽。孩子学习再也不用父亲逼迫，而父亲回家后也会尽量多陪伴孩子，少玩手机。

暑假里，六年级的小杰体验当一天的家长后，分享自己体会时说道："早上，我看到爸爸妈妈在睡觉，便叫他们起床，他们没有反应，于是我只能再次叫他们起床。他们迷迷糊糊地从美梦中醒了，嘴里还不停地责备我声音太大将他们吵醒了。紧接着我又为父母做早饭，我煮了汤圆。父亲生气地说他不喜欢吃汤圆，于是我又帮父亲煮了一个鸡蛋，父亲吃了但说没吃饱，之后我又开始洗全家的脏衣服……就这样"折腾"了一天，到了晚上我累得一下子趴在了床上。我感觉父母真是不好当，每天要做很多事情，比起学习来一点儿也不轻松。之前我上学的时候就总赖床，父亲一遍又一遍地喊我起床，我起来之后还抱怨。吃饭的时候，看到自己不爱吃的我会很生气，这个时候我会要求父亲重新给我做。我现在意识到了，自己的这些行为都太不应该了。"

小杰通过角色扮演了解到父母的不容易，在以后的生活中，他肯定会体谅父母的艰辛，从而做好自己的事情。

### 爸爸带娃妙招

在一些家庭中，父亲很少给孩子机会去了解自己。他们认为只要孩子能够做好自己的事情就够了，孩子了解大人并不是重要的事情。其实不然，只有让孩子体验到父亲的艰辛，他们才能更珍惜当下的生活。那么，在家庭中做"角色互换"的游戏，究竟要注意哪些问题呢？

**1.明确角色互换的目的。**

在父亲与孩子进行角色互换前，一定要明确互换角色的目的是什么。是为了让孩子了解父亲的辛苦，还是为了让孩子更加理解父亲，从而愿意与父亲沟通？只有明确了角色互换的目的，才能够实现角色互换的意义，否则是没有任何意义的。

**2.角色互换之后，要及时与孩子进行沟通。**

角色互换并不是目的，而是一种形式。作为父亲要及时与孩子进行沟通，探讨孩子在角色互换中的感受和心得。如果孩子产生了负面的感受，可以借此机会给孩子进行深入的分析和解释。

角色互换是一个可以实现充分了解彼此的好方法，不仅能够让孩子更加了解父亲，还能够培养孩子的同理心，很多时候只有孩子充当了这个角色才能有所感悟。在生活中，父亲也可以用这样的方式来了解孩子的世界，体会他们的感受。

**爸爸带娃方法解读**

亲子互动的方法有很多种，进行角色互换对父母和孩子来讲是相对简单、直接、有效的方式。这样做不仅能够增进亲子关系，还能让孩子感受到父爱的伟大。当然，在角色互换中，父亲不要一味地强调事情的困难性，而是要鼓励孩子多去尝试，让他们多体会、多感悟，只有这样才能真正实现角色互换的目的。

第六章

用心包容，
接纳孩子的『不完美』

# 包容孩子"小过"，不做"炮仗"爸爸

　　俗话说得好，"七八岁的孩子，狗都嫌弃"，这个年龄段的孩子精力旺盛，求知欲极强，有时候会上蹿下跳，叽叽喳喳的，甚至各种顶嘴。有的孩子喜欢吓唬人，把别人惹哭才满意地离开，犯了错还嬉皮笑脸，毫不知错；要不就是犯了错，嬉笑一阵，一溜烟儿跑了，逃避问题。作为爸爸，管教孩子时哪里受得了这般情景出现，几个回合下来，气得脑门儿充血，一不小心就成了一点就着的"炮仗"。

　　孩子从来都是"天使"，只是间歇性地会变成"恶魔"，有时候天使与恶魔也就是一瞬间的事情。其实他们纯净的心灵从来没变过，变成"恶魔"也是大人的定义。如果你视孩子为"天使"那孩子就是天使，如果你视孩子为"恶魔"那他就是恶魔。所以，不要轻易给孩子贴标签，面对孩子发生的一些非原则性问题和失误，我们要学会视而不见，忽视问题。面对一些原则性的问题，我们首先要控制住自己的情绪，如果孩子有需要，再陪孩子一起面对、解决问题，不要做一点就着的"炮仗"爸爸，因为除了"响"一下，根本解决不了任何问题。孩子会有样学样，今后再遇到问题，他们可能从你身上学到的也是遇事就爆炸，不去想解决问题的办法。

### 爸爸带娃实例

我朋友是位职场爸爸，经常出差谈客户，只有周末才有时间陪孩子，他8岁的儿子很开朗，活泼好动。朋友聚会时，这位爸爸只要聊到儿子便会打开话匣子，情绪像是被点燃了一样，总会不停地吐槽儿子。

前些天，孩子把他们家收藏十余年的青花瓷打碎了，朋友很心疼，一下就着火了，直接破口大骂："一点儿事儿都不懂，走路不知道看着点吗？！你还不如不放假，怎么没摔着你啊？！"妻子实在听不下去了就劝了两句，没想到这位爸爸直接说："孩子也是我亲生的，我骂他就是关心他，是为了他好！"

有一回，他们去亲戚家玩。他的妹妹坐在电脑桌前看着键盘，觉得很好玩，便在抽屉里找到了一支笔，开始在桌面上（有一部分是皮质的）用笔画键盘……结果亲戚用湿抹布怎么也擦不掉……亲戚笑着看了一眼女孩，没想到女孩嚎啕大哭起来，爸爸在旁边劝了很久。这个时候在一旁看热闹的哥哥出现，扮演怪兽，惹得妹妹哭得更凶了，男孩还引以为荣。这位父亲气急了，拉着孩子打了几下。

爸爸管孩子最大的问题就是控制不好自己的情绪，我们经常会看到一位通情达理的爸爸被孩子点燃情绪失控。其实整个育儿的过程就像打游戏一样，一路升级打怪兽，掌握了通关方法便能轻松过关，否则直接被KO，还有可能整出狂躁症来。

大部分孩子都不是故意犯错的，因为他们年龄小，对后果不能做出准确的判断，还有一些孩子由于天性特别调皮，容易将家长惹毛，但"打骂"孩子往往是解决不了问题的。面对家长的"打骂"，调皮的孩子通常会以硬治硬，一点儿也不害怕，反而会越来越调皮，遇到问题越来越不想跟父亲沟通，长此以往，父亲根本不知道孩子想的是什么，更别提管教了。面对"小恶魔"式的孩子应使用合理的方式解决，最好是简单、效果又出乎意料好的办法。

### 爸爸带娃妙招

孩子从来都不是大人的附属品，他们有自己的性格和脾气。随着孩子年龄的增长，家长们越发烦恼：他们不再是那个言听计从的小家伙了，越说他们越和你对着干。孩子破坏玩具、书，浪费食物，等等，与物质损失相比，爸爸更应该在乎的是孩子为什么会这样做，他们做这件事的时候心里在想什么，我们要采取正向的方式去接纳孩子的"过错"，适当引导孩子改正错误，而不是做个一点就着的"炮仗"。

**1.爸爸应该学会放手，要舍得让孩子犯错。**

小时候老师经常说：孩子是在犯错中成长起来的。有些路需要孩子自己走才能深有体会，父母是无法代替孩子体会和成长的。那些错误都将变成孩子珍贵的成长机会，虽然他们"大错不犯，小错不断"，但能够在每次犯错之后收获经验和教训，那么孩子犯错也不是坏事。通过犯错，孩子知道怎么做是对的，怎么做会导致可怕的后果，由此获得了犯错的"免疫力"。

如果爸爸事事都帮孩子去做，让孩子没有犯错的机会，这不是爱孩子而是宠溺孩子，这是家庭教育最大的悲哀。

爸爸可以尝试让孩子经历犯错的过程，看看孩子究竟能收获什么：摔了碗筷，孩子才能学会如何拿好碗筷；摸到热水壶烫，孩子才知道躲开热水壶；在斜坡上跌倒，孩子下次才会懂得更加小心翼翼地走路；在外面被欺负后，孩子才能学会如何更好地应对，比如及时寻求帮助，或是提高情商自己处理关系；粗心弄丢了东西，孩子能学会如何更好地保管自己的物品，设定自我界限；没按时完成作业被批评，孩子才会意识到一时的偷懒会让自己丢脸……"犯错误"是孩子的成长必修课，只有修炼完一定的课时，他们才能获得举一反三、自我反思、自我完善的能力。

**2.孩子惹爸爸生气的时候，爸爸应该先控制好脾气，再去与孩子交流。**

孩子犯错之后，爸爸不应该让孩子受到自己情绪的影响，即使很生气，我们也要学会深呼吸，让情绪稳定下来，再找孩子进行沟通。爸爸带着情绪教育孩子是没有一点儿效果的，更别提处理问题了。

**3.理性区别孩子的"有意犯错"和"无意犯错"。**

很多时候熊孩子的破坏只是因为"好奇"而试探或自我锻炼。例如，男孩在家拆掉手表、拆掉冰箱门等，这种情况是他们对事物产生了强烈的好奇心，并没有考虑后果。爸爸其实可以带着孩子和表一起到钟表铺去，让孩子在旁边看修表匠如何修理。这样修表铺成了学校，修表匠成了老师，孩子成了学生，修理费成了学费，孩子的好奇心也可以得到满足。总之，区别有意犯错和无意犯错非常重要，我们要让孩子的好奇心不断地向正确的方向发展，这样孩子的探索精神才能够继续发扬。

**4.让孩子承担失误造成的后果。**

不管是有意的还是无意的，只要产生了实质性的结果，那些错误带来的代价是避免不了的，这个时候我们要坚定温和地去执行规矩，爸爸要做的就是温和地告诉孩子，他应该承担自己失误所造成的后果，记住那些失去的"痛"，他才会懂得珍惜，从而让孩子实现自我成长。

**爸爸带娃方法解读**

　　"炮仗"爸爸切勿碰到"小过"就气急败坏地训斥孩子，因为孩子会调动所有情绪用来害怕和抵触，而不是平静地反思。这样非但不利于纠正错误，孩子还有可能产生逆反心理，而将无意之过演变为有意为之。作为父母，我们要保持温和的情绪，静下心换位思考，将"过错"区别分类，晓之以理、动之以情，做到真正用心聆听孩子的心声，从根本上帮助他们解决问题、修正错误，这样事情就能够顺利地解决了。

# 反向思维，孩子弱点未必没有益处

人都是有优点和弱点的，孩子当然也不例外。人无完人是自然法则。就单从孩子的弱点来说，每位家长都很了解自己家孩子有什么弱点，家长们聚在一起的时候，很多话题都围绕孩子，聊自己家孩子弱点的也很多。我们都想从其他人那里取点儿经，希望能帮助自家孩子克服弱点。

我们在此谈论的弱点是广义上的，先天、后天共同作用下孩子某些相对不如他人的地方，涵盖孩子的各个方面，比如外貌、性格、能力、智商、行为等。爸爸带娃过程中不必产生过多的压力，正常面对孩子的弱点即可。

**爸爸带娃实例**

上帝是公平的，给你部分优点，总会再给你一些弱点，只有这样才能构成一个真实的人。完美只是相对的，不是绝对的。站在反向思维角度去看孩子，能给你带来意外的惊喜。每个孩子的弱点都不一样，比如，孩子经常会有注意力不集中、吃饭慢、顽皮、懒惰、不讲卫生、爱撒谎、多动、贪吃、贪玩、贪睡、自私、拖延、无自制力、胆小、骄傲自大、乱花钱、不尊重父母、爱哭闹、爱打架、挑食、浪费粮食、没礼貌等缺点。

淘淘是家里的老大，由于两年前家里添了一位新成员，淘淘的弟弟，可能爸爸有些忽视淘淘了。淘淘经常做一些惹人注意的事，只为引起爸爸的注意。

男孩天生爱动，淘淘不停地在爸爸和弟弟面前翻找自己的玩具，其实找来找去，他自己也不知道要找什么。这时爸爸问道："淘淘，你再这样房间就由你来收拾。"没想到淘淘特别气愤，还顶起嘴来："爸爸，我的笔不见了，就是弟弟弄没的，应该由弟弟来收拾房间。"爸爸一看淘淘这样就来气，除了要管好小的，大的还总添乱，他越想越生气，撸起袖子就想打骂孩子。

淘淘顽皮，还爱争抢，学习时注意力不集中，不分场合哭闹，真是让爸爸操碎了心。妈妈看着家里的两个男人正针尖对麦芒，便提出了解决方案。

妈妈开始找难题跟淘淘说："淘淘，你下楼把弟弟的自行车拆了再装起来，妈妈就不用你收拾了。"

淘淘眼球转了转，自己很早就想拆了那辆自行车了，就是爸爸妈妈不让，这回不仅能让我拆，还让我装上呢。能拆就能装，应该不难。这样就可以不用收拾房间了，真不错！

脑子转了一圈后，淘淘同意了妈妈的提议，跑到楼下拆自行车了。

时间过去了2个小时，爸爸和妈妈把弟弟安顿好，房间也收拾得差不多了，爸爸想着都这么长时间了，看看淘淘在做什么吧。

爸爸跑到楼下一看，淘淘一脸的油污，车轱辘已经被拆下来了，正在往上装。可淘淘年龄太小，怎么也装不上去，爸爸看到他这样，已经笑得不行了。这回是真的撸起袖子了，他拿起轱辘开始教孩子，可淘淘还沉浸在刚刚产生的情绪当中呢。这回爸爸说："你做得不错啊，其他的都装上去了呀！"孩子一听爸爸夸他了，可开心了，开始问："爸，你说这轱辘该怎么弄呢？"爸爸开始慢条斯理地告诉淘淘怎么装车轱辘。

自行车终于装好了，淘淘非常开心，神采飞扬地抓住爸爸的胳膊。爸爸也非常开心，孩子不再和他斗气，而是在一起讨论起自行车的机械原理，这个结果太令人惊喜了。爸爸将孩子最大的弱点变成最强的优势，看似不足之处，但这会儿意外地变成了天赋。

淘淘妈妈的逆向思维教育法让爸爸悟性大开，他从来没想到孩子会有这样惊人的表现。现实生活中，家长总是抱怨自己孩子浑身都是毛病：脾气不好、胆小害羞、不够独立、拖拉磨蹭、没有礼貌等，但孩子的问题来源99%都跟家长有关系。

### 爸爸带娃妙招

己所不欲，勿施于人。站在自己的立场上解决问题是正向思维，而站在对方的立场解决问题就是逆向思维。我们要善于利用逆向思维解决教养中遇到的难题。

**1.孩子的注意力不够集中，稳定性较差，自制力差。**

注意力是孩子进行学习的前提和基础，培养小朋友的注意力非常重要。七八岁的孩子总是坐不住，注意力特别容易分散。这一阶段孩子的大脑神经系统呈现出兴奋度高、抑制力差、无意注意占绝对优势等特点。孩子年龄越小，自主控制注意力的时间就越短。所以家长们并不用过度担心，孩子注意力的集中程度会随着年龄的增长而增长。

**2.孩子好强心重，经常打架。**

小朋友在成长的过程中，经常会有和小伙伴交流和玩耍的情况，孩子之间由于争夺玩具或其他的原因发生争吵也是常有的事。这时，无论爸爸多忙，都要先放下手里正在做的事情，来到孩子的身边，弄清楚孩子争吵的原因，无论孩子是否有错，都不要大声训斥孩子，尽量避免伤害孩子的自尊心。爸爸可以送孩子去学习力量型和对抗型的体育运动，例如跆拳道、篮球、羽毛球等。在团队中可以让孩子任职，赋予其责任感，他们的保护欲会非常强，孩子会将这部分的好强转移到运动中和团队责任上。

**3.孩子任性，不守规矩。**

当孩子发脾气乱扔东西，或不遵守规矩时，爸爸也可以效仿孩子的行为，丢掉孩子一些不重要的个人物品，如果孩子捡起自己扔的东西放回原处，爸爸也跟着捡起自己丢的东西放回原处。在孩子任性的时候，爸爸比他还任性，孩子自然而然会把自己放在主人翁的位置，教育"不听话"的爸爸。这个方法非常有趣，有心的爸爸可以尝试一下。

**4.孩子有暴力倾向，爱撒谎。**

如果孩子在家经常摔砸东西，我们可以设立一个角落，专门在惩罚他们的时候启用，并且在这个角落里，放上桌子和椅子。当孩子在摔砸家中东西的时候，爸爸可以让孩子坐在椅子上，给他们准备一本有趣的书或是平时他喜欢的东西，让孩子能够分散注意力。也可以使用逆向思维法，把孩子心爱的东西假装摔落，一般情况下孩子是非常不愿意自己的东西被破坏的，这时候晓之以理，动之以情地去跟他讲，是否感受到了自己的东西被摔之后的心情，引起他的共情，并设定规矩，如果你再摔砸，那么你心爱的物品也会消失。树立共同平等、互相尊重的权威感。

爸爸眼中孩子的弱点，大多都是孩子成长中的正常现象。我们要用发展性的眼光看待孩子，发现他们的缺点时，保持平和心态帮助他改正即可，不必为此焦虑惊慌。另外，还有很重要的一点是：接纳孩子的不完美。发现孩子缺点的时候，爸爸也可以想一想，在他们的身上是不是也看到了自己的影子？

孩子和家长一样，有弱点很正常，没有人一出生就是个天才，还有更重要的一点是，他是你亲生的。接纳孩子的弱点，耐心温和地帮助他改正、成为更好的人是你的责任。

## 爸爸带娃方法解读

在带娃过程中，主要是让孩子感受到来自父母的信任。现实生活中，对于大多数父母来讲，虽然相信自己的孩子，可是他们的掌控欲太强，而且毫不掩饰，时时流露出对孩子的不放心，以至于让孩子误解为爸爸妈妈不相信他。如果孩子觉得父母相信他，那么他们也就会对父母说真话了。为了获得孩子的信任，我们和孩子交谈的时候态度要真诚，不要流露出不信任的神情；孩子谈论某件事的时候，即使我们不相信，也要认真听完，然后找到合适的机会和确凿的证据揭开真相。最终，我们把问题归结到孩子的认知能力上，孩子就不会觉得我们不信任他了。

赞赏和激励是促使孩子进步的最有效的方法。每个孩子都希望得到家长和老师的重视。而赞赏其优点和成绩，正是满足了孩子的这种心理，使他们的心中产生荣誉感和自信。

## 善于观察，孩子自带闪光点

每个孩子都有自己的优点，比如，有的孩子外向，会说话、爱表现，有的孩子内向，沉稳、思考问题缜密。性格是孩子天生的，并没有好坏之分。如果孩子某方面比别人差了一点，很可能在其他方面会比别人强。我们应该细心观察，善于发现孩子身上的闪光点。

在现实生活中，很多爸爸希望自己的孩子自带光芒，但却觉得始终找不到这些闪光点，他们只看到别人家孩子光芒耀眼，回到家看自己的孩子，觉得浑身都是缺点，怎么看都不顺眼，事事不如别人家的孩子。

作为爸爸，要善于发现孩子的优点，并能够把这些优点放大看。面对孩子很小的进步，也要及时提出来进行表扬，提高孩子自信心与兴趣。爸爸应鼓励孩子把优点继续发扬下去，引导孩子把缺点变成优点，激励孩子挖掘出自身的潜力，帮助孩子打好走向成功的基础。

**爸爸带娃实例**

每个孩子都是"天使"，是独一无二的个体，就看你能不能去发现他们的闪光点。爸爸要善于引导并支持他们感兴趣的爱好，要知道分数并不是孩子人生中最重要的事情。

朋友家有女初长成，小名明月，还有2个月就满8岁了，虽然个子小，但是脾气却火暴。随着孩子一天天长大，爸爸突然发现了她性格中的问题，例如她的任性，无理取闹，偶尔还会和爸爸顶嘴，脾气越来越倔，这些都让爸爸忍无可忍。爸爸既生气又着急，但是在心里又不停地安慰自己孩子还小，等长大点懂事了就好了。其实孩子在这个阶段处于敏感期，他们的诸多行为都是为了引起大人的注意，所以也就不难理解孩子为什么脾气不好了。

一天，爸爸照常下班回家，一进门就看到孩子在玩积木，不得不说，孩子对积木天生就充满喜爱。明月正在全神贯注地拼装积木，爸爸心里想，原来孩子的注意力可以如此的集中，她也是有安静的时候的，并不像我平时看到的那样大大咧咧、风风火火。此时，爸爸很欣慰自己发现了女儿认真做事的一面。

其实每个孩子身上都有闪光点，关键就看你能不能挖掘出来并鼓励他们了。孩子就是我们的一面镜子，在他们的成长过程中会经历很多事情，这些都需要我们的参与，我们有责任和义务去协助他们解决问题。陪孩子一路闯关打怪，我们自己也能够成长，这难道不是一种双赢吗？

**爸爸带娃妙招**

请一定要相信我们的孩子，放平自己的心态、学会放手，我们可以及时关注孩子在探索过程中的安全性，并且提醒孩子。做到以下几点可以事半功倍：

### 1.要学会尊重孩子。

接纳孩子积极、正确、阳光的一面，也要接纳孩子消极、错误、调皮的一面，无条件接纳孩子，孩子才能对爸爸敞开心扉，爸爸才能走进孩子的世界，才能更好地引导孩子。例如，活泼可爱外向型的孩子可能更喜欢快节奏高强度的打击乐，而性格沉稳内向的孩子可能更喜欢慢节奏的音乐。我们不能盲目主观地认为孩子不喜欢音乐，也不能要求他们喜欢我们喜欢听的音乐。

### 2.要学会平等对待孩子。

平等体现在价值、尊严、人格等方面。现实中，很多关系不平等，例如，收入造成的不平等关系、职业造成的不平等关系，等等。面对这些不平等关系，我们是否在内心中感受到一丝难过与无奈？可想而知，当孩子遇到这种不平等待遇的时候，心里有怎样的感受。

作为父母要平等地对待孩子，不要总说自己的孩子不如别人家的孩子好。试想一下，我们的孩子有没有嫌弃我们不如别人的父母好呢？他们怎么没有说别人的父母是成功人士、教授、老板、大领导？我们更不要总是以分数为标准来评价孩子的好坏。要知道，再优秀的孩子也有缺点，再差的孩子也有优点。所有的孩子都是祖国的栋梁，不要过早地放弃。

### 3.要学会保护孩子的隐私和自尊。

对于孩子暂时不愿透露的隐私，我们不要强迫孩子说出来，如果他们自己告诉了我们，我们要替他们保密，不要在公共场所谈论孩子的是是非非，更不能当着其他同学的面戳孩子的痛处。孩子不想回答的隐私问题，千万不要强行逼问他，要循循善诱，慢慢地打开孩子的心扉，要让孩子觉得你是足够安全、足够可靠、值得他们倾诉的人。

**4.作为父母，要适当袒露年少时的尴尬。**

我们年轻的时候也曾困惑、难过、迷茫，这些也都可以让孩子知道。告诉他们我们能够感同身受，从而使他们获取到成长的力量。孩子会说："哦，爸爸妈妈原来当年跟我一样犯过错，和我有同样的经历啊！没什么大不了的。"

养育孩子，需要我们秉持十年树木，百年树人的心态，不急功近利，接纳孩子的全部，无条件相信他们，相信自己的孩子是闪闪发光的存在。

**爸爸带娃方法解读**

爸爸要细心观察，善于发现孩子的优点，孩子的优点有很多，例如，乐于分享、懂事、善良、孝顺、领导力强、人缘好、坚持读书、想法多、动手能力强、画画写字很好……当你发现孩子的一个个优点时，也会与孩子的心贴得更近，沟通更畅快，你能及时了解孩子内心真实的想法，第一时间参与孩子的成长。

我们之所以不会欣赏自己的孩子，就是因为结果导向的思维太根深蒂固了，我们认为结果只有一个，而且是最后才产生的，以它作为依据不仅狭隘而且滞后。每个孩子都有自己的闪光点，家长可以慢慢去挖掘孩子的长处，我们要表扬孩子的优点，帮助孩子改正缺点，让他们成为一个自信且内心强大的人。

# 保持童心，别误解孩子的善心

儿童心理学家说过："孩子的善心是稚嫩的，你在乎它，它就会长大；你忽视它，它就会枯萎；你打击它，它就会死去。"所以，如果你想拥有一个富有善心的孩子，那就请你在生活中珍惜他、发现他、培育他。可在现实生活中，很多孩子的善心都被家长误解过。

当孩子犯错的时候，有多少家长愿意去探寻事情的真相呢？洗掉孩子身上的污泥容易，抚平孩子内心的创伤却很难。家长往往只有一味地责怪或是批评，有的孩子会如实告知家长事情的真相，但有的孩子不会，因为他们担心受到更多的责备，所以选择缄口不言。

一位作家曾经写过这样的一段话："作为父母要像爱护眼睛一样爱护孩子的天真。童心是人性最真实的镜子。有了童心，才能敞开胸怀接受；有了童心，才能满怀兴趣探索；有了童心，才能袒露内心世界；有了童心，才能有孩子的健康成长。没有童心的童年，很难有幸福的成年。"作为孩子的守护者，我们呵护孩子的同时更要小心保护孩子的童心。

**爸爸带娃实例**

善良是人世间最宝贵的东西，善良的人就像金子般闪闪发光。爸爸应该从小就教导孩子"勿以善小而不为，勿以恶小而为之"的道理。

刚读二年级的鹏鹏是个调皮的男孩，他在班里经常不是揪女生的辫子，就是在操场上追跑打闹，上课迟到。鹏鹏的爸爸也因此经常被班主任叫到学校去谈话，育儿经验不足的父亲被鹏鹏弄得哭笑不得，但又不能打、不能骂，只能一把鼻涕一把眼泪地摸着自己的心脏。

一天爸爸按放学时间去接孩子回家，可是迟迟不见鹏鹏走出校门。这时鹏鹏的同班同学跑出来说："鹏鹏爸您快去看看吧，鹏鹏一身泥。"鹏鹏爸爸一听脑门充血，直接冲进学校找鹏鹏，最终找到了他。

爸爸一把拉过孩子，严厉呵斥道："你是怎么回事？天天贪玩！回家罚站去！"鹏鹏也不说话，只顾低着头。

爸爸推搡着孩子走出操场。班主任迎面而来。鹏鹏爸正准备接受老师批评，他低下头正要赔礼道歉，老师微笑着说道："鹏鹏这次表现得很棒，值得表扬。"爸爸丈二和尚摸不着头脑，一脸纳闷儿的表情。老师又说道："孩子为了帮助学校老师搬花盆把衣服弄脏了，回家后别责备孩子，得表扬他。"原来鹏鹏下了课，看到学校王老师搬花盆摔倒了，他二话不说，趟过泥泞，扔下书包就过去扶起老师，然后把二十五盆花依次搬进了学校的礼堂。

父亲听到这，眼眶突然湿了，心里一阵莫名的骄傲与自责感。他摸着孩子的头，赞赏地看着孩子，一句话也说不出来。

此刻很暖心，很让人印象深刻，也值得反思。老师简单的几句话深深地刺痛了鹏鹏爸爸的心，这是个多么大的误解啊！设想一下如果是你，当你的孩子满身污泥回家的时候，你的第一反应是什么？当时的鹏鹏丝毫没有考虑到自己会被爸爸责罚，甚至当老师问鹏鹏："你这样回去会不会被爸爸误会？"鹏鹏说："不会的，我诚实地告诉爸爸就可以了。"看吧，孩子的想法就是这么简单。

我们曾妥善保管孩子的情绪，曾用最大的耐心与爱意接纳孩子，他们也能学会将这份善意传递给有需求的人。善良从来都不需要刻意地去传授，更不需要用语言表达或者用惩戒孩子来实现，只需要你温柔地对待生活，慢慢地，孩子也会潜移默化地和你一样，你们都会被生活温柔以待。

### 爸爸带娃妙招

孩子与成人的最大区别就是他们不会表演、没有面具，这样天真善良的孩子，爸爸当然要以童心来待之。不难发现，拥有童心的人能把生活过得丰富有趣，不管他们年龄或大或小，总能对世界充满好奇心，不会在乎其他人的眼光。只要能够时刻保持一颗童心，收获的便是一种阅尽千帆后的豁达。那么，如何做一个富有童心的爸爸，去发现孩子"隐藏"的善心呢？

**1.换位思考，尊重孩子，一起敢于为梦想努力。**

孩子的小脑袋瓜里总是有很多有趣的想法，有时候他们随机的一个想法都会让你拍手叫好。他们的奇思妙想和创造力是弥足珍贵的。孩子对一切都充满了好奇与幻想，他们对事物充满执着和认真，这就是孩子的人生态度。爸爸不仅要理解孩子的奇思妙想，同时还可以和他们一起规划梦想。只有敢于拥有梦想，才能激发出我们潜在的巨大能量，战胜自我。

**2.理解孩子，同时保护好他们的好奇心。**

当孩子展现出调皮捣蛋的一面时，爸爸会生气和苦恼，殊不知其实在孩子的内心深处藏着一颗好奇、善良、有趣的心，我们应该小心翼翼地呵护，而不是去埋怨、误解他们。爸爸和孩子之间的误会加深，互相不理解，你不问我不答，缺乏沟通，亲子之间的距离也会越来越远，孩子会越来越封闭自己的内心，不愿意向爸爸倾诉。

爱因斯坦曾因"好奇心"而点燃了一次宇宙的大爆炸，本杰明·富兰克林在好奇心的驱使下，研究电学、发明灯泡，如果他们没有好奇心，可能我们到现在为止还没有电灯、电话、电视机、电饭煲、冰箱、空调、电脑……

**3.爸爸也要保持童心，学会与孩子同步。**

我们曾经都是个孩子，岁月流逝日渐成熟稳重，但骨子里其实还有一份童真存在，我们始终拥有一颗童心，对世界充满好奇。时间长了你会发现，原来你也向往孩子眼里的世界，于是就能理解孩子那颗纯净的心了。

孩子总是与快乐相伴，即使一时伤心难过，但马上能因为一句笑话、一个鬼脸破涕为笑。孩子的世界纯真有趣。在孩子心中没有比乐趣更有吸引力的了，他们总是善于发现事物有趣的一面，即使是微不足道的小事，他们也能发现快乐。

**爸爸带娃方法解读**

对于成年人来讲，有些时候成熟不是为了他人，而是为了保护自己。正因为如此，成年人善于表演，又有很多种面具。无论是对人还是对事，我们都会尽可能地去了解更多的信息，然后分析并进行判断后再着手处理，无论结果如何，过程至少是很完备的。而孩子面对人和事情的时候不是这样的，他们单纯可爱，童真无邪，所以当他们做错事情的时候，我们先不要站在自己的角度上分析问题，而是要坦诚和孩子沟通，让他们敞开心扉，千万不要误解孩子的善心。

# 孩子打架，爸爸别急着出手

每个父母都希望自己的孩子能够健康快乐地成长，不想让孩子受一丁点儿委屈，但是小朋友的成长道路不可能是一帆风顺的，小打小闹不可避免。在打架这个问题上，带娃的爸爸必须做到要用正确的方式去引导孩子的行为，把握好处理问题的度，让孩子形成正确的认知。

根据欧洲权威心理学家的理论，人类的攻击行为是带情绪的，有时表现为愤怒，比如，我不想跟你讲话，甚至鄙视你，这种一听对方说话就知道对方在攻击你或者要攻击你，因为他在语言上表达得很清楚。我们利用反向思维假想一下，打架其实能培养孩子的同理心，因为双方被打，彼此都体会到了痛。由自己的痛就会想到对方一定也很痛，从而产生同理心，并且逐渐认识到，通过暴力是什么问题也解决不了的。

**爸爸带娃实例**

美国电影《美国狙击手》中的男主角在小的时候，他的弟弟被人欺负了，他毫不客气地选择了打回去。当时他的父亲对他说了一段话，令我至今难忘。

他说："世界上的人可分为三类，羊、狼和牧羊犬。有些人认为邪恶是不存在的，当邪恶降临时，他们不懂得保护自己，这些人属于羊；然后，掠食者出现了，他们使用暴力、掠夺弱者，这些人是狼；还有一类人，他们拥有强大的攻击力和保护羊群的天性，他们是稀有的能和狼对抗的人，这类人是牧羊犬。首先我们家不需要羊，如果你变成狼，我会揍扁你。我希望你们是牧羊犬，你们需要保护自己。如果有人要打你或者欺负你的弟弟，我允许你尽全力去解决它！"

我们其实可以从中学到很多东西，爸爸带娃要认识到，矛盾是孩子在和其他孩子交往中学会协调、解决问题的必要条件。孩子就是通过不断解决矛盾，逐渐学会怎样坚持独立的见解，学会怎么样竞争、怎么样协调，学会适度地表现自己，培养忍耐能力，从而不断提高自我社交能力，以及自我保护能力的。

当然，并不是说要鼓励孩子去打架，君子动口不动手，我们必须跟孩子强调要讲道理，要学会好好表达。但是孩子的成长是一个漫长的过程，只有孩子经历过了，真正明白了其中的利害关系，他们才能更好地约束自己、控制自己的情绪。

如果孩子没有习惯性的暴力倾向，偶尔在日常的生活中和别人出现矛盾，行为性质并不恶劣的情况下，爸爸不应该过多地干涉，而是要让孩子自己去解决，这样有利于提高孩子的自我保护能力和社会交往能力。

**爸爸带娃妙招**

每个爸爸都不希望自己的孩子和其他人打架，但这件事如果真的发生了，我们要冷静下来，理智地去处理，而不是自己也跟着愤怒上头，我们的目的应该是让孩子学会怎样保护自己、怎样去解决问题。那么当自己的孩子打架时，爸爸应该怎么做呢？

### 1.爸爸切记，不要第一时间干涉。

孩子在与别人交往的过程中打架，这可能是他在群体交往中协调、解决矛盾的必要条件，也是孩子人际交往的必经之路。如果打架情况发生在孩子与他人的正常交往中，并且只是小打小闹，没有过多不安全的因素存在的话，那么爸爸不要第一时间过多地干涉。

### 2.超过安全范围的严重冲突，爸爸应先制止。

孩子解决不了冲突，急着向爸爸求助的时候，切记不要不分青红皂白，就打骂自己的孩子或者指责别人家的孩子，这对于培养孩子正确的是非观，是非常不利的。正确的方式应该是先了解事情的整个经过，认识问题的根源，如果问题出在自己孩子的身上，应该加以教育；问题出在别人的身上，可以找对方的家长进行沟通解决，切记不可使用暴力解决问题。

### 3.朋友之间矛盾放一边，安抚先行。

心理学专家说，解决冲突的首要做法一定是"先处理情绪，再处理问题"。打架发生了，无论过错在哪方，此时的孩子都需要爸爸在第一时间安抚他们的情绪。事发当时，哪怕只有一方家长在场，也应该考虑所有孩子的心情，先把两个孩子都安抚好，使他们的心绪平静，为下一步更好地梳理情绪和事件留下空间。尊重孩子，是给孩子展现人与人之间社交关系的第一步。

### 4.爸爸需要引导孩子表达情绪。

在负面情绪发生的时候，阅读是很好的排解方式之一。尤其是儿童绘本，里面的内容形象易懂，常常会很有代入感，孩子很愿意接受并模仿。在故事中，孩子能随着书里的内容，尽情地宣泄自己心中的恐惧，无论是害怕黑夜、害怕妈妈不在，还是害怕其他小伙伴嘲笑自己。我们需要通过故事让孩子了解自己的情绪，接纳自己的情绪，这是管理情绪非常重要的环节。很多时候正是因为"不接纳"，才导致孩子情绪积压的。

**爸爸带娃方法解读**

打架属于冲突事件，孩子年纪小，在未来的成长道路上，还会面对更多的冲突，孩子是否能够承受和完美地解决冲突，关键就是看小时候面对冲突时父母是如何引导他们解决的。孩子在面对冲突后，会慢慢地找到与人相处的方式，建立适合自己的社交模式。

第七章

善言美语，
越鼓励孩子越懂你

# 沉默是爱，善于对孩子表达更是爱

中国的教育往往被称为"沉默式的教育"，因为很多父母都不善于表达自己的情感，还有很多时候即使表达了，也因为和子女频道对不上，从而造成相互不理解。

每个父亲都爱自己的孩子，为了孩子都可以在所不惜。但是爸爸们，你们会向孩子表达爱吗？你们会经常拥抱孩子，并亲吻他们的脸颊吗？你们会经常对孩子说"孩子，我很爱你"吗？为什么我们明明深爱孩子，却总被孩子误解？在表达爱的方式上，我们究竟做错了什么？

在爱的表达上，父母还需要更直接简单一些，因为孩子的感知能力很强，但理解能力却不如成年人。当父母做出一个行为，也许孩子并不能认识到这个行为是爱他们的表现。所以这就出现了，父母深爱自己的孩子，可是孩子却不认为这是爱，而认为是一种不认可和束缚。那么，为什么会出现这样的局面呢？

## 爸爸带娃实例

张先生是一个典型的中国式爸爸，作为爸爸的他很少对孩子说"我爱你"。

儿子张坦在小学二年级的时候，有一次因为不小心摔断了胳膊，躺在病床上哭泣。张先生见到儿子，就用命令的口气说："好了，医生说没事了。不要哭了。"但是这句话对儿子丝毫不起作用。

过了一会儿，孩子的妈妈来了，见儿子在哭，忙用双手抚摸着孩子的脸蛋，轻声说了句："妈妈爱你，孩子，你没事的。"儿子很快就停止了哭泣，露出了坚强的笑容。

在张坦的眼里，爸爸是一个不苟言笑、不善言辞的人，平日里总是一副严肃的表情，所以张坦很少主动和爸爸交谈。上初中后，张坦经常和父亲话没说几句就起冲突，父亲总是呵斥张坦，说他不尊重长辈，这让张坦觉得父亲不爱自己，最爱自己的人是妈妈。

无论是爸爸还是妈妈，在家庭中的作用和影响力都是举足轻重的。虽说究竟是爸爸对孩子的爱深，还是妈妈对孩子的爱深，谁也说不清，但是大部分孩子却有几乎一致的答案——妈妈更爱自己。

父亲节那天，很少有孩子当面说出自己对父亲的爱与感激，母亲节当天则不一样。据某网站调查显示，91.5%的人从未当面对父亲说过"我爱你"，这种现象并不奇怪，因为自古以来，中国的父亲就不善于对孩子表达爱，他们喜欢沉默，觉得说"爱"是一件很难的事情。

## 爸爸带娃妙招

### 1.多陪孩子，多对孩子笑，理解孩子。

年幼的孩子认为"只要爸爸天天和我在一起，给我吃好吃的、陪我玩，就是好爸爸"；大一点儿的孩子需要爸爸"抱我，亲我，对我笑，说喜欢我，爱我"；再大一些的孩子，特别是进入青春期的孩子，希望爸爸"理解我，关心我的内心，顾及我的感受，支持我，相信我，尊重我"，这是不同阶段孩子对爱的心理需求。爸爸只有多陪孩子，认真倾听他们的心声，才能学会理解孩子。

### 2.大声对孩子说"孩子，爸爸爱你"。

真正爱孩子就要学会向孩子表达自己的爱，大声地对孩子说："孩子，爸爸爱你！"孩子会感动不已的。虽然说爱的表达方式有很多种，但是最真切的、最简单的莫过于给孩子一个拥抱，一个亲吻，一句"我爱你"。这个方法适用于所有的孩子。

### 3.经常对孩子表示关切。

天冷了，默默拿出厚的衣服放在孩子的床头；天热了，给孩子熬点绿豆汤解暑降温；白天孩子去上学的时候，叮嘱孩子注意安全；傍晚孩子放学回来，听孩子讲讲学校里有趣的事。这些细节都会温暖孩子的内心，让孩子从琐事中体会到关爱。

### 4.多与孩子进行情感沟通。

父亲还要善于捕捉孩子情绪的变化，抓住时机与孩子进行语言和心灵的沟通。

在教育孩子的过程中，父亲应该多与孩子进行情感沟通，帮助他们提高情感体验能力。

有时候情感沟通并不需要靠语言，一个关爱的眼神、一个温暖的行为，都能让孩子感受到父爱。比如，孩子心情不好，你可以轻轻地拍拍孩子的肩膀，把孩子揽到怀里抱抱他，他的烦恼可能就会消除。因为父亲的行为能够让孩子感受到自己是被理解的，父亲是支持自己的。

## 爸爸带娃方法解读

沉默并不代表"不爱"，但这绝对不是表达爱的最佳方式。爱就是打开心扉，让它自由地流淌，让对方看得到、听得到、感受得到。不要让孩子去猜想你是不是爱他，而要让他时时感受到你的心意，这就需要你把"爱"勇敢地说出来。

# 适当表扬，孩子更有学习的动力

　　每个孩子都喜欢得到表扬，如果爸爸坚持表扬和鼓励孩子，那么会让孩子变得更加自信，也能够激励孩子，让孩子更好地认识自己。如果爸爸总是否定孩子，那么孩子从小在心里就有"我很笨，我不可能"的自我暗示，孩子的潜能发挥有可能会受到阻碍，甚至会导致孩子对学习产生厌恶的情绪，可见表扬对孩子来说多么的重要。

　　爸爸在养育孩子的过程中，多鼓励、多肯定都会让孩子充满自信，他们就有动力做更多爸爸妈妈都认可的事情，比如，及时完成作业、好好练钢琴，甚至自己给自己布置一些练习。因为对于一个孩子来说被表扬意味着被认可，他的自我价值感也会提升。如果你想让孩子拥有自主学习的能力，那么就要多鼓励、表扬孩子，适当的表扬能让孩子增加学习的兴趣和动力。

## 爸爸带娃实例

爸爸表扬孩子是有方法的。爸爸表扬孩子的时候不要只盯着学习一个方面，对孩子的性格习惯、劳动表现、动手能力、文体才能等都可以进行肯定。爸爸观察得多了，自然而然也会发现孩子的优点越来越多。

爸爸表扬孩子的事情越具体，孩子就越容易在这方面做得更优秀。例如，小朋友把零花钱攒起来留着买书，如果此时爸爸及时赞许："都会攒钱买书了，怎么这么懂事又爱学习，真为你感到骄傲！"这样能大大提高孩子的自信心，同时也使孩子明白自己到底好在哪里、为什么被表扬，之后会更加爱看书学习的……

表扬孩子还要讲究原则和掌握分寸，不能事无巨细全部夸奖一遍，这样的表扬起不到什么效果，还会让孩子觉得父母的夸奖只是流于表面、毫无诚意，进而产生骄傲自满的心理。

小朋是家里的独生子，家里人都很宠爱他，不管小朋做了什么，都能得到爸爸、妈妈、爷爷、奶奶的称赞。

小朋学会自己穿袜子了，妈妈说："真棒！"小朋多吃了几口饭，奶奶夸奖道："小朋真厉害！"时间长了，他就养成了骄傲自满、目中无人的性格。

在上学的路上，小朋跟其他小朋友发生了矛盾，原来是小朋跟同学说过马路的时候是"红灯行，绿灯停"，而同学却说是"红灯停，绿灯行"。两人起了争执，没想到小朋出手推了那个同学一下，同学就跟老师说小朋打他。

爸爸了解了这件事，回家拉着小朋坐下，平静地说："小朋啊，爸爸看你之前表现得大方、勇敢、懂事理，但为什么这次没有做到呢？"爸爸接着说："我相信你可以做到的，因为你一直是个好孩子，我陪你一起到同学家道歉，毕竟你推人是不对的。面对矛盾我们要讲理，不要动手。"

孩子犯错之后爸爸想要通过表扬让孩子主动认错时，要把握好度，不能为了夸奖而夸奖。爸爸最后一定要指出孩子做得不好的地方，并且帮助孩子加以改正，只有这样孩子才能获得进步。

除了口头表扬和物质奖励外，爸爸还可以对孩子进行许诺表扬，许诺表扬就是承诺孩子如果哪方面做得好，就可以获得他们想要的奖励。

洋洋做作业喜欢拖拉，妈妈采用了各种方法都不奏效。

有一天爸爸对洋洋说，如果你每天在规定的时间内做完作业，就可以获得1朵小红花，等集满21朵小红花，爸爸就奖励一个你喜欢的玩具。

第一天洋洋按时完成了作业，获得了1朵小红花。

爸爸给他把小红花贴在墙上，对他说："洋洋表现得很好，在我们说好的时间里写完了作业，明天要再接再厉哦！"

洋洋点点头说："好！"

第二天洋洋又获得了1朵小红花。

第三天爸爸给他发了2朵小红花，一朵用来表扬他按时完成作业，另一朵用来表扬他将好习惯保持了3天。

就这样在爸爸的表扬和鼓励下，洋洋在坚持到15天的时候就获得了21朵小红花，爸爸兑现自己的承诺，给洋洋买了一个他喜欢的玩具。

洋洋很开心，他拿着通过自己努力付出得来的礼物爱不释手。

接下来爸爸跟他说再坚持21天，还可以获得更多的奖励，洋洋毫不犹豫地答应了爸爸。

许诺表扬可以促使孩子改正坏习惯、养成好习惯，让孩子对自己的行为充满自信。爸爸要积极配合，当孩子表现好了要及时兑现承诺，不找各种借口拖延或拒绝满足孩子的要求。如果不兑现将会前功尽弃，孩子会感到无比失望，然后丧失继续学习的动力。

## 爸爸带娃妙招

在教育孩子的过程中，爸爸不要认为说"我爱你"就是在对孩子表达爱意，并不全然是这样的，这只是一种最简单的表达方式，向孩子真诚地表达全部的爱要遵守以下五个原则：

**1.积极赞美孩子，只夸奖孩子可以改变的品质。**

这是夸奖原则中最关键的一条，夸他们"聪明"，不如夸"努力、动脑筋了"这些可以后天获得的品质。在情感建立的过程中，赞美、夸奖孩子是很关键的一步，也是能起到很大作用的一步。往往孩子在得到夸奖之后，觉得爸爸妈妈是重视自己的，安全感也会增强，自然能够理解父母的爱。在这个基础上，家长只要掌握好夸奖孩子的方向，效果就会更佳，绝对能够优化孩子的品质。

**2.使用描述性语言，强调努力的过程和方向。**

笼统的夸奖，孩子会搞不清楚今后努力的方向。如果家长描述具体，则能让孩子知道哪里做得好、哪里做得不好、未来努力的方向是什么，这需要爸爸很了解自己的孩子，充分了解孩子的缺点和性格，顺着孩子的性格去梳理矛盾，并引导他们成为更好的自己。爸爸可以这么说："我喜欢你画画时拿笔的姿势，很标准。"这样孩子就知道了"原来是我握笔姿势很正确，那我下次再画画时，需要保持这样的握笔姿势"。

**3.不要轻易夸奖太容易完成的事。**

最忌讳的是家长在孩子做了一件特别平常的事后就夸奖，例如，"宝宝吃饭了，真好！"这样普遍、高频率的夸奖，反倒稀释了夸奖的激励作用，因为延迟满足感异常重要。延迟满足感需要技巧，爸爸积累奖励到5次或10次后，再满足孩子的需要，让孩子学会享受等待的过程，而且爸爸妈妈每次给予奖励的标准一定要统一，不能失去原则性。在这个过程中，增加夸奖次数及夸奖的级别，对孩子树立自信心有极大的帮助。

**4.不要过度夸奖孩子本来就喜欢的事。**

过度夸奖孩子本来就喜欢的事，会让他们对自己做这件事的动机产生疑惑，"我是因为喜欢做这件事呢，还是因为想受到表扬才做这件事呢？"甚至有的孩子会因为这样而改变自己的爱好。孩子也不傻，他们自己心里有一杆秤，知道什么事情需要他们通过努力完成，什么事情是轻而易举就能够完成的。

**5.避免和他人对比的夸奖。**

和他人对比的夸奖，就是夸奖时进行比较，特别是和孩子的同班同学，或是兄弟姐妹之间进行比较。例如，"你比哥哥完成得快，真棒！"这种看上去可能是为了激励孩子，但其实并没有任何效果，这样的夸奖让孩子的关注点集中在"超过别人、赢过别人"，而不是掌握某项技能、学习方法等。于是，他们做事情的所有动机都出于争输赢，也就会出现怕输、怕失败、好胜心过强的问题。

其实孩子在生活中的自制力并不差，只是缺少爸爸妈妈的信任和锻炼的机会。我们应该去尝试引导他们记住并认真地完成老师布置的任务，多表扬、多鼓励，孩子就会有动力和目标。

**爸爸带娃方法解读**

爸爸的表扬是孩子获得进步的发动机，夸奖可以让孩子感到付出努力是有肯定和回报的。爸爸表扬时要讲究方法，口头表扬要把握分寸，要针对具体的事情及时给予肯定，而不是泛泛而谈，或事后再讲。同时，物质表扬要符合孩子的心理需要，不能硬给孩子不喜欢的礼物；承诺表扬要及时兑现承诺，不要让孩子感到失望。这样表扬才能有实际的意义，才能带给孩子心灵的满足和鼓舞。

# 指出孩子优势，让孩子更自信

很多孩子自信心不够是因为没有体会到成就感，当他们体会到成就感，信心就会大增，当他们体会到足够多的成就感，他们的自信心会比常人更强烈。爸爸可以鼓励孩子去完成稍微困难一点的事情，当孩子看到自己能够完成困难的事情时，就会收获很大的成就感，再加上父母的赞扬和奖励，会让孩子更有自信。这样能够让孩子清楚自己的价值，知道自己的优势所在。

所以，爸爸的责任是找到孩子的性格优势，细心观察孩子，用心引导孩子，让他们充满自信地面对未来的生活和学习。

## 爸爸带娃实例

爸爸要知道，每个孩子都是独特的，虽然不可能是完美的，但他们总有自己的闪光点。我们要懂得发现孩子的长处，充分发挥"优势效应"的作用，帮助他们找到并成为真正的自己。

孩子的象棋是跟爸爸学的，但他总是输，所以很快就不愿意和爸爸下了。

一开始还兴趣浓厚，眼见着要输了，孩子推掉棋子，嘬起小嘴说："您是大人，我怎么能赢得了您呢？"

妈妈劝慰孩子说："输赢不重要，只要能总结经验教训，你也能够变得很厉害的。"

但是孩子就是不愿意和爸爸下棋了，他说要和妈妈下，可妈妈根本不会下棋。妈妈苦思冥想，结果还是输得很惨，这时候孩子却很开心："我终于赢了！"

然后他又去挑战爷爷，经过一通厮杀居然也赢了，孩子高兴得手舞足蹈！和爷爷连着下了好几盘棋，赢多输少。没想到最后他竟然主动挑战爸爸，决定再和爸爸下一盘。

爸爸说："我还是不会让你的哦！"

儿子却满不在乎地说："我和以前不一样了！"

我们可以看到儿子的整个心态变化，从不自信到自信。孩子之所以能再次挑战爸爸，就是因为他有了赢妈妈、赢爷爷的胜利经验，并且从中获得了肯定，从而收获了自信，这就是"胜利者效应"。

鼓励是一种积极的正向的自我暗示，孩子在心里能够认可自己："我很厉害，我可以赢，我可以不断成功。"

**爸爸带娃妙招**

想让孩子拥有自信，那么就在孩子努力克服困难的时候，不断给予他们赞扬和鼓励，补足孩子的成就感。成就感是每个人都需要的，孩子也不例外，甚至孩子对于成就感的需求比成年人更强烈。因为孩子的自我认知还没有完善，他们需要从成就感中获得对自身的认识，增加自己的驱动力，树立自己的信心。那么，在生活中如何有效地增加孩子的成就感呢？

**1.父母要充分赏识和肯定孩子的每一次进步。**

在孩子年龄小的时候，没有相应的能力进行自我评价，他们会非常在意父母和他人对自己的评价，所以父母要充分赏识和肯定孩子的点滴进步和成功。例如，孩子终于尝试吃以前不愿意吃的蔬菜，像这样的小事情，爸爸也要及时进行肯定。也许这在成人眼里是一件很平常的事情，但在孩子眼里是需要他们鼓足勇气才敢去尝试的事情。当这种勇敢的尝试获得爸爸妈妈的肯定和夸奖时，他们的成就感就非常高，他们会更加积极主动地吃自己以前不愿意吃的东西，做以前不愿意做的事情，也会更自信。

**2.提供机会让孩子体验成功和满足感。**

爸爸可以用心地寻找机会，让孩子享受成功的体验，让孩子变得越来越自信，做事情越来越主动。例如，让孩子独自上附近的小超市买东西、偶尔让孩子独自坐公交车去学校等。可以让孩子从很小的事情做起，这些小事对孩子来说要有一定难度，这样才值得孩子挑战，并且实现的可能性较大。此时，家长只要在旁边引导即可，不要过分干涉。

**3. 帮助孩子评估自己的能力、兴趣和优势。**

我们经常说，认清自己是一件很困难的事，自己的最大敌人就是自己。只有把自己认识清楚了，才能完善自己，取得更大的进步。自我认识，就是要认识自己的优势与缺陷。孩子也一样，他们需要从小在大人的帮助下挖掘自我，找到自我，这样他们才能更好地掌握自己的人生。

爸爸可以通过一些小方法，帮孩子认识到自身的优势。每个孩子与生俱来都有学习的能力，有的孩子却总是不自信，例如，做作业磨蹭、注意力不集中等，都是孩子不自信的表现，我们可以和孩子沟通后一起想一个办法：按照30分钟为一个时间段来进行学习，并且保证做完作业后孩子可以做自己喜欢的事情。一两个星期下来，孩子做作业的主动性会有极大的提高。同时，我们可以将孩子的优点写下来，多次重复孩子的优点，在这个优点上不断做叠加。

### 4.让孩子每天记录一件自己做的好事。

爸爸可以让孩子每天睡觉前，在本子上写下一件自认为今天做得最好的事情，还可以在月末的时候作一个总结，让孩子想一想"这个月都做了哪些事情"，然后让孩子在本子上写下对自己的评价。

爸爸可以用另外一个本子，也每天写下一件你对孩子感到最满意的事情，月末时把两个本子放在一起分析，可以把总结出的优点按月份记在本子的最后一页。这样孩子就可以清晰地认识到自己都有哪些长处，最近有了哪些进步，哪些地方应该改正了。我们把这两个本子保存下来，当孩子遇到困难时，就让他们翻开看看自己是如何一点点进步的，孩子就会变得对未来充满信心了。

### 5.爸爸给孩子作决定的机会。

首先爸爸要尊重孩子，把他当作家庭中平等的一员来对待，要尊重他在家庭中的地位，任何涉及到孩子的事情都应该尊重或听取孩子的意见。如果不同意孩子的决定，也要以商量的口吻表达自己的意见。例如，报什么培训班，周末是看电影还是到欢乐谷去玩，等等，尽可能在孩子力所能及的范围内，多让他们自己作决定，让他们享受到长大和独立的快乐。

### 6.发挥优势，但也要给缺点找个"屋子"装。

优点和缺点不是绝对的，就像一片树叶的两面。很多时候反过来看缺点，其实也可能是优点，缺点和优点其实统称为特点更恰当。很早的时候，孔子就提出过"因材施教"的概念，如果孩子看到自己全是缺点会很沮丧，然而人怎么可能全是缺点，没有优点呢？他们只是看到事情的一面而已。

如果孩子生性活泼好动，总是坐不住，那就多带孩子进行户外运动，锻炼身体，这个"缺点"就变成优点了。爸爸还可以在玩篮球的时候向孩子提出问题，例如"为什么篮球能弹那么高"，充分调动孩子的好奇心，他们会自己努力寻找答案的。

又例如，喜欢顶嘴的孩子总喜欢家长说一句他们顶一句，反过来看，其实是因为孩子思维敏捷、反应快；对于爱管闲事的孩子，小志愿者的工作一定很适合他们，心地善良就是他们的优点。爸爸应该根据孩子的性格特点，耐心地对孩子进行引导，帮助他们发掘自己的优势，把缺点关进"小黑屋"。

成功的体验是美好的经历，能够引发从生理到心理又到生理的一系列变化。都说优秀是一种习惯，其实成功也可以成为一种习惯。所以，当孩子遇到什么事情畏缩不前时，记得轻推、给予助力，给他们创造胜利、成功的体验吧！

### 爸爸带娃方法解读

爸爸指出孩子的优点越多，孩子就更容易将这些优秀的特质突出，并从中获得自信，让自己变得越来越优秀；而当爸爸指出孩子的缺点越多，孩子就越容易身陷缺点之中无法自拔，他们觉得越是努力改变越是容易证实自己的无能和不足，从而越来越自卑、怯懦，甚至会出现自暴自弃的情况，这就是"标签实验"。无论指出孩子的优点，还是指出孩子的不足，都会起到强调、强化的作用。所以，聪明的爸爸会经常指出孩子的优点，这样孩子才会更自信。

# 讲自己的故事，激励孩子的内心

　　爸爸想要走进孩子的内心世界，并激励孩子，其实很简单，那就是跟孩子做朋友，把孩子当做成年人看待，给他们讲讲自己的故事。你可能会觉得孩子现在做的事情比较幼稚，请一定要改变这种观念，想想当年的自己，谁还没幼稚过？

　　如果想要激励孩子，我们就要先走进孩子的内心，走进孩子内心最有效的办法就是把自己变成孩子。玩孩子喜欢玩的游戏，读孩子喜欢读的绘本，跟他们聊他们喜欢、感兴趣的事情，例如，说学校的事情，聊聊热门游戏，他们正在追的漫画，或者是聊聊他们正在交往的朋友，等等。先和孩子相处愉快，取得孩子信任，再和他们进行朋友式的谈心，孩子的心门自然会打开，我们便能找到激励孩子的钥匙。

**爸爸带娃实例**

爸爸在和孩子沟通时，首先要接纳和了解孩子的感受，孩子才会敞开心扉愿意继续说下去，唯有这样你才能够慢慢走进孩子的内心。

心怡是个很乖巧的女孩子，但她的胆子很小，一旦被老师批评，或是同学笑话的时候，她就会很不自信，低下头不说话或是离开，总之采取的都是逃避的方式。

这天回到家后，孩子很难过地说："爸爸，我今天被老师批评了。"

爸爸说："你现在一定感到很难过吧？"

心怡一听这话便嚎啕大哭起来。孩子的内心一下子就被打开了。

接下来心怡开始跟爸爸讲述她内心的感受和事情的来龙去脉。

如果爸爸说"是不是你做错了事情，老师才批评你的？"这样的对话就是完全不接纳孩子的感受，孩子会更加生气地反驳你，本来他们现在心里就充满了负面情绪，被你这么一说，负面情绪更多了，有的孩子干脆直接离开，不愿意跟你继续说下去。

任何时候我们都要把孩子的感受放在第一位，先处理孩子的感受和情绪，再处理事情。

只有好的感觉，才能有好的行为。

爸爸听完心怡的经历，深深地叹了口气："小怡，爸爸当年可比你还要胆小呢，老师批评我就哭……"爸爸边说边笑。

心怡好奇地看着爸爸，"啊，爸爸，这是真的吗？"

"当然是真的啦，爸爸当时哭的时候，还流鼻涕呢，哈哈……"

心怡一下就笑了："原来爸爸是个鼻涕虫啊，哈哈……"

"后来爸爸就给自己打气，多问老师'为什么'，多争取上台表演的机会，大胆地展现自己，后来慢慢地就什么都不怕了。以后爸爸和你一起打败害羞这个大怪物，好吗？"

心怡点了点头，开心地笑了。

孩子就是这么简单，开心了就笑，不开心了就哭。所以说大人想要了解孩子其实很简单，只要和孩子真心换真心，便可以走进他们的内心。

### 爸爸带娃妙招

首先我们应该走进孩子的内心，再谈如何激励孩子。那么，如何真正地走进孩子的内心世界，做到与他们心与心的交流呢？建议从以下几个方面入手：

**1.多用正向美好的语言与孩子对话。**

孩子都喜欢表现自己，爸爸要多给孩子正面的鼓励，不要对他们的表现各种讽刺、冷言冷语、视而不见，这样孩子会更容易对你一吐真言，也会更加勇敢地表现自己。

要尽量避免用带有负面情绪的语气对孩子说话，因为爸爸妈妈的语气对孩子来说是一种心理暗示，如果爸爸总用不好的语气对孩子说话，他们的思想也会比较容易被同化。

爸爸要时刻记得，爱和鼓励才能打开孩子的内心。

**2.切勿批评，要耐心倾听孩子的心声。**

爸爸都比较喜欢在孩子犯错的时候抓住机会教育他们，告诉孩子这么做是错的，并且让他们保证以后不会再犯类似的错误。这种教育方式看上去好像也没什么错，但是有些爸爸喜欢频繁使用，显得过于絮叨，让孩子非常排斥，这就是无效的沟通，不会有很大效果的。

孩子犯了错，爸爸要耐心地倾听他们内心的想法，更要做到有意识地控制自己的批评、指责、唠叨，听孩子把话说完，之后再告诉他们你的真实想法，这样的说话方式能帮助你走进孩子的内心。

**3.学会并多用换位思考法。**

我们大家可能都会有所察觉，如果我们的聊天对象用"如果我是你，我也会这样做/这样想……"这样的说话方式，你会感觉很舒服、心安，其实这是因为对方换位思考了，他们能站在你的角度上考虑问题，所以你才会有这种感觉。教育孩子时，我们也要多采用这种方式，经常站在孩子的角度上思考问题，从而更理解孩子的行为和心思。

**4.营造聆听的氛围。**

在家庭生活中，爸爸应该用心营造聆听的氛围，氛围平静孩子才愿意表达自己。所以，我们要设法让孩子感到很舒适，诀窍就是让这种"聆听"气氛一直在家里存在。只有家庭气氛和谐有爱，孩子才会遇见事情就想和你商量，找你谈心。我们可以安排在吃晚饭的时候，也可以在饭后散步的时候和孩子聊聊天。只要在孩子遇到困难或者挫折的时候，爸爸在孩子的身边，温和地抚摸或搂住他，倾听孩子的诉说，讲几句关心的话但不要太多，久而久之孩子的内心自然就会向爸爸打开，此时的孩子会觉得自己备受重视。

**5.把自己有趣的童年与孩子分享。**

当孩子犯错的时候，我们除了换位思考、聆听，还可以将自己童年犯过的错误，通过幽默的方式讲给孩子听。例如，把小时候爬树掏鸟蛋、玩耍弄一身泥的事情告诉孩子，孩子会欣喜若狂，原来爸爸在小时候也经常犯错，也这么淘气呀，原来严肃的爸爸其实也和我一样呢！

爸爸可以把自己筛选过的经历告诉孩子，最好是有教育意义的，或是有价值、正面的，甚至有点负面但有教育意义的也可以。爸爸把经历幽默地说出来，可以直接告诉孩子爸爸曾经那样做是好还是不好，也可以引导孩子去分析爸爸当初的做法是对还是错。这样孩子就可以从爸爸的经历中汲取教训，之后面对类似的事情时，他们就会有自己的看法和观点，其实这也是亲子间相互交流学习的过程。

### 爸爸带娃方法解读

> 进入孩子的内心世界，就是建立一种理解、爱和信任的关系。是否能把自己的经历和孩子的经历结合起来，并有趣地讲给孩子听，这是对爸爸共情能力的考验。我们要学会讲好自己的故事，并耐心引导孩子，用尊重和鼓励来滋养孩子的内心。

# 培养孩子的勇气，不妨多一些激励

你家孩子胆小吗？是不是遇到事情就害怕退缩？每位家长都希望自己的孩子勇敢、乐观，这也是家庭教育工作中一项重要的内容。那么，在日常生活中，尤其是爸爸，怎样才能帮助孩子获得勇气呢？有的爸爸经常说自己家的孩子特别胆小，很想要锻炼孩子的勇气，但这不是一天两天就能改变的，需要爸爸耐心地引导孩子，只有这样才能让孩子慢慢变得勇敢。

### 爸爸带娃实例

首先，我们要弄明白孩子为什么会胆小？为什么遇到问题总是会哭，而不去想解决的办法？第一个原因就是因为孩子的性格比较内向，这也是最重要的原因之一；其次就是我们太宠溺孩子，给孩子一个错误的导向，例如，孩子遇到了问题一哭，父母就赶紧过来帮他们解决，所以日后他们便会觉得只要哭一哭，父母就能立刻帮他们解决问题。

可能家长自己都分不清楚，哪些孩子天生胆大，哪些孩子天生胆小。但我们经常会看到那些被娇生惯养的孩子遇到一点儿委屈，碰到一点儿事情，就扑到爸爸妈妈的怀里哭泣，爸爸妈妈疼到心里，着急替孩子出头，不停地安慰孩子，但越是这样孩子越是害怕面对问题，遇事越没有主见。

朋友的女儿在美国一家幼儿园读书。一天，他去幼儿园接女儿，然后他看到了一件有趣的事情。

一个男孩正专心地拼装玩具超人，当他把超人拼装好时，被一个大个子男孩一把抢过去，并把他推倒在地。小男孩从地上爬起来，跑到老师面前哭诉。

朋友以为老师肯定会调查事情的真相，再严厉地批评大个子的男孩子，然后安慰受伤的男孩，让抢玩具的孩子把玩具还给男孩，并且道歉认错。

然而老师却没有这么做，老师在了解了事情的真相后，对挨打的男孩说："别哭，去把属于你的东西要回来。"

于是这个小男孩就跑上去夺回了自己的玩具，还跟大个子男孩打了一架。虽然过程很艰辛，但他最后胜利了，小男孩露出自信的笑容。

一次邻居家的孩子开始和女儿抢东西，女儿处于弱势，因为她没有那么大的力气，她的东西一被抢，她就声音尖利地哭叫，并委屈地望着她爸爸，可爸爸借鉴了幼儿园老师的方式，没有帮她，只是鼓励她："不用怕，把你的东西抢回来。"

虽然女儿那个时候很小，却也能理解爸爸的意思，并感受到来自爸爸的支持。她虽然在哭，可是脚步却没有犹豫，她勇敢地走上前，伸手抢回她的东西，虽然她还被那个小朋友推搡了一下，但女儿一点儿也不害怕，她表情专注地抓着自己的玩具，一拿到手，马上跑开。

一上午，两个女孩就这样拉拉扯扯、你抢我夺的，可是女儿在"斗争"中积累了丰富的经验和胆量。可能有些人会说这不是怂恿孩子打架抢东西吗？这样孩子长大后攻击性会很强。

但事实并非这样，只要爸爸掌握好分寸，该争的时候就要孩子去争，该谦让的时候也要让孩子学会谦让，只有这样孩子才能勇往直前，学会自己做主，不让父母成为他们的保护伞。

### 爸爸带娃妙招

人的一生十有八九都是不如意的，当你的孩子遇到挫折时，是会一蹶不振，还是会勇敢面对？相信所有的爸爸妈妈都希望孩子能勇敢面对，不产生过多的负面影响。但是面对这件事是需要勇气的，需要强大的心理素质才能做到，这也就要求父母在孩子成长的过程中，要适当地进行挫折教育，只有经历过挫折才能直面人生。以下几个有效的方法供爸爸们参考：

**1.找出孩子最喜欢的名人作榜样。**

英雄榜样对孩子的行为改变有显著的影响。给孩子树立不畏困难、战胜挫折的榜样，不仅有助于增强孩子勇敢面对困难的信心，还可以向他们说明：每个人都会碰到困难，敢于挑战就是有勇气的表现，不管最终成功还是失败都是值得肯定的。

**2.根据孩子的兴趣和需要，爸爸设定难度系数。**

要想激发出孩子的勇气，需要在恰当的时候给孩子设定一定的困难，但需要注意的是要和孩子的兴趣和需要相结合，这样他们才有克服困难的动力。其次根据孩子的年龄、能力水平去设定难度系数，即对孩子来说不会太简单又不会太难，他们能够自己完成，或是在爸爸的引导下完成。

### 3.对孩子成功克服困难的经历进行记录。

当孩子有克服困难的成功经历时，需要立即肯定孩子的付出和努力，而不是简单表扬孩子聪明，爸爸还可以把孩子的经历简单记录下来。不一定要解决很大的困难时才记录，只要是孩子花费努力才成功的事情都可以算。如果孩子年龄较小，可以用形象化的方法，例如积分制度，每经历一次困难就奖励一朵小红花，积累的小红花多了，可以定期给孩子奖励。这种记录是长期的延迟满足，而不是短期的鼓励。而且当小红花数量累积得越来越多的时候，孩子会认为自己就是一个善于克服困难的人，从而建立起强大的信心。

### 4.善于用记录进行鼓励。

当孩子面临新困难失去勇气的时候，可以翻出这些记录鼓励孩子。例如，可以翻看记录之后，对孩子说："有一次，你也碰到了类似的困难，但最终在你的努力下成功了，我相信这次你也可以的。"然后根据孩子的能力和困难的大小，爸爸给予引导和帮助，记住多一些耐心。

**爸爸带娃方法解读**

在生活中，我们往往教育孩子要学会谦让，或者通过成年人的干预为孩子解决难题，但我们却忽略了他们应该从小就懂得维护自己的权利和尊严，他们能够在这一过程中获得自信和勇气。爸爸不妨放手，像我们之前提到的那个美国老师那样，仅仅是给孩子一句鼓励，让他们要回属于自己的东西，只需要注意让他们使用正确的方式，爸爸要用正能量培养孩子的勇气。

# 用幽默的话语，告诉孩子人生大道理

　　幽默，是平淡生活中的调味剂，更彰显了一种人生智慧。对于孩子而言，教会他们幽默，也就是教会了他们快乐面对挫折和失败的本领，以及与人相处的基本能力。采用幽默的方式教育孩子，让孩子多一些笑声，这不仅仅能够让他们童年时期拥有愉快的体验，更是形成美好人格的必要因素。不要怕孩子不懂幽默，其实他们比大人更懂幽默，幽默是世界共通的语言。很多孩子也烦父母跟他们讲述大道理，但如果用幽默的方式讲出来，孩子就能够接受了。爸爸只要掌握好幽默的尺度，便可以和孩子畅通无阻地沟通了。

　　著名心理学家格尔迪说："父亲的出现是一种独特的存在，对培养孩子有一种特别的力量。"爸爸的影响力能够塑造孩子形成良好的性格，可以减少孩子的暴力倾向，还可以培养孩子的情绪控制力、判断力，以及增强孩子的自信心。

　　拥有一位有趣幽默的爸爸，对孩子而言是非常幸福的事。

**爸爸带娃实例**

这天，10岁的小兵与好朋友闹矛盾了。回到家中小兵依然不高兴，爸爸看出小兵的情绪不对，便问："我怎么看你有点儿不高兴呢？"

"今天，佳航把我的作业本弄湿了，上面有我之前做的全部作业，这下本子不能用了。"小兵继续委屈地说道，"那个作业本可是老师奖励给我的，我一直没舍得用。"

"佳航向你道歉了吗？"父亲问道。

"他说他不是故意的，但是那有什么用，我的作业本还是不能用了。"小兵说道。

"那你打算怎么做？不再跟佳航做好朋友了吗？"父亲问道。

"我不想再理他了。"小兵生气地说道。

"嗯，也是，反正你的朋友也不少，周末佳航也不用来我们家陪你下围棋了，我和你妈妈也不会，正好围棋可以放起来了。你的作业本多重要，比友情还重要，咱们可不能原谅他。"父亲说道。

小兵似乎感觉自己的行为有些不妥，说道："但是，那就没人陪我下围棋了，其他同学都不会。"

"没事，我们不玩围棋了，围棋可以当废品卖掉，没准儿卖的钱还不够给你买根雪糕呢。"父亲故意说道。

"那不行，我上周和佳航约好了，这个周末我们还要比赛呢。"小兵急忙说道。

"对嘛，男人要大气，别因为一点儿小事斤斤计较，你可是咱们家的顶梁柱，如果这么小气，咱们家还怎么竞选小区的'模范家庭'啊。"父亲说道。

听完父亲的话小兵笑了。第二天小兵主动找佳航说话，周末两个人又一起下围棋了。

看，这位爸爸就通过幽默的方式向孩子传授了大道理：人要有包容心，尤其是对自己的朋友，我们要包容朋友的过错，遇事不要斤斤计较。

## 爸爸带娃妙招

幽默感是一笔财富，拥有幽默感的人会收获好人缘、乐观的心态，还有积极的人生。幽默感不仅对个人的人生很重要，对关系最为固定的家庭来说也非常重要。气氛幽默的家庭，家人之间的关系会更和谐。孩子在这样的环境中长大，对爸爸妈妈的态度会很不一样，亲子之间能够很亲切地开玩笑，有了矛盾也很容易解决，孩子在处理其他人际关系时会更有技巧，也更宽容。

### 1.爸爸妈妈要带头幽默。

有的爸爸妈妈双方都不是幽默的性格，难道要改变自己的性格来给孩子做榜样吗？幽默是不是一种天赋，不一定人人能学会？其实，幽默并不难，爸爸妈妈带头幽默并不是要改变自己的性格，或者是让自己的语言更幽默，爸爸妈妈要做的仅仅是放低自己的身段。不要总端着一副架子，有时候扮一个鬼脸就能拉近你和孩子的距离，让他们开心起来。爸爸妈妈还可以适当做一些滑稽的动作，比如，和孩子一起投入地看一部动画片，看到开心处和孩子一起开怀大笑。

### 2.鼓励孩子的幽默行为。

孩子的智慧是无穷的。他们有着天马行空的想象力，还有旺盛的表达欲，有时候他们的一些想法非常搞笑和有智慧，我们要抓住这些机会赞美孩子，这是对他们继续表达自己幽默感最好的鼓励。如果孩子的搞笑行为比较幼稚，或者你并不觉得好笑，请不要表现出不屑的态度，你可以对他提出一些疑问，或者在孩子玩笑的基础上继续发挥，这样才能引导孩子开发出更多的幽默方式，提高自己的幽默感。

3.对孩子不当的幽默予以纠正。

孩子可能会在表现幽默的时候犯一些错误，比如拿别人的缺点开玩笑，或者在不恰当的时机出来搞笑。这种情况发生时，我们要及时制止孩子，然后诚恳地向别人道歉，再把孩子拉到一旁，告诉他们刚才的行为冒犯到了别人，趁机告知他们什么样的玩笑是不能开的，孩子会对幽默有更好的理解。

### 爸爸带娃方法解读

> 幽默感有助于调节孩子的情绪。孩子的心理承受力和情绪控制力都比较差，很容易产生烦躁、不安等负面情绪，如果孩子富有幽默感，他们就能很好地调节自己的情绪，以乐观的态度面对生活。这样能够不断提升孩子的自我心理承受力和意志力，对孩子的人生有着重要的作用。幽默还可以化解矛盾，将理解变得更简单，所以，为了孩子能健康、快乐地成长，别总是一副冷冷的表情，和孩子共同培养自己的幽默感吧！

授业解惑，
做熊孩子心中的高人

第八章

# 在学校被孤立，爸爸不妨教孩子破局之道

作为父亲，我们都希望自己的孩子可以和别人友好相处，然而愿望是美好的，现实却是残酷的。在现实生活中，我们会看到很多孩子在学校被同学孤立，而孩子被孤立的本质是什么？

说得简单一些，孩子被孤立实际上是被变相地欺凌和伤害，对孩子身心杀伤力是很大的。这种被孤立的状态其实就是一种冷暴力，长时间面对冷暴力会让孩子变得自卑、精神压抑，甚至会出现社交恐惧。所以如果发现孩子处在被孤立的状态时，作为父亲一定要非常重视，除了用心关注孩子的内心变化，还要和他们一起力争扭转局面。

父亲应该意识到，孩子被孤立是一种非正常的状态，因为人在社会中势必需要与其所处环境周遭的人进行交流和来往，而孩子在学校里，周围大都是同龄人，其兴趣爱好应该拥有交汇点，孩子不应该缺少"玩伴"或者是交流对象。因

为被孤立，孩子长时间处在孤独的状态，这种孤独的状态又是人为造成的，这对孩子的心理健康是十分不利的。

虽然说孤立别人的孩子是有问题的，并且占很大一部分责任，而被孤立的孩子也是存在一定问题的，作为父亲应该先分析自己家孩子身上存在的问题，然后帮助他们解决问题，促使他们能够尽快融入到同学中，避免让他们长时间处在被孤立的状态。

资深亲子教育专家胡嘉认为："孩子的世界，相对要比成人世界单纯。这种单纯不仅体现在他们的心理认知上，也体现在他们的处事方式上。孩子不像大人，好恶往往溢于言表，喜欢就是喜欢，讨厌就是讨厌。再加上，年龄小的孩子更容易产生从众心理。一旦两个孩子之间产生矛盾，如果其中一个孩子很有号召力，那么另一个孩子便有可能被孤立。"他认为孩子偶尔被孤立的情形并不可怕，这也是比较常见的，但是如果孩子长期被孤立，就会造成严重的负面影响，不仅会影响孩子的心理发育，还会影响他们长大后的人际关系。

### 爸爸带娃实例

在一档综艺节目中，一位叫点点的小女孩上三年级了，她扎着两根长长的马尾辫，长相也十分可爱。但是点点的爸爸却忧心忡忡，原因很简单，点点在学校不合群、没有朋友，点点也从来不参加集体活动，不仅如此，点点的脾气还十分暴躁，她经常会将班里的男同学打得鼻青脸肿。一个才上三年级的女孩为什么会有如此表现呢？

儿童心理专家询问点点，在学校有没有想结交的朋友？

点点回答道："开始我有一个好朋友，她和我一样是女孩，后来不知道为什么她突然就不理我了，后来我发现她成了班里其他人的好朋友。班里有一个叫梅梅的女孩很霸道，她不让其他同学跟我一起玩，后来我就没有朋友了。"

面对点点的回答，爸爸显得十分诧异，他只知道女儿爱施暴，但是从来没有意识到女儿在学校竟然受到别的小朋友的孤立。

"那你为什么喜欢打别的小朋友呢？"心理专家问道。

"他们嘲笑我没有朋友，再说我只有打了他们，他们才会注意到我，他们才会愿意多跟我说话。"点点说道。

原来在孩子心目中，打别的孩子的目的是为了引起他们的注意，这对父亲来讲是多么心酸的理由啊！但是作为父亲，是否想过自己家的孩子为什么会遭受孤立，而别人家的孩子为什么不会被孤立呢？究竟什么样的孩子才能够被其他同学喜爱呢？

## 爸爸带娃妙招

为什么有的孩子会被孤立？其实孩子被孤立的原因是多方面的。通常被孤立的孩子会分为这三种：一种是常常以自我为中心，自私、好强、表现欲强烈的孩子；另外一种是不善交流、不善言谈、内心自卑的孩子；还有一种是具有特殊个性或行为表现的孩子，比如，这些孩子爱打小报告、爱发脾气等。那么，如果父亲发现自己的孩子在学校被孤立，究竟该如何去做呢？

### 1.善于倾听，让孩子宣泄心中的苦闷。

一旦发现孩子有被群体孤立的倾向，爸爸一定要先倾听他们的苦恼，并积极与他们沟通，认同孩子、接纳孩子，让他们感受到爸爸与自己一样伤心难过。与此同时，父亲还应该告诉孩子，很多人都会面临这样的问题，这是很多孩子都经历过的事情，不一定是坏事。

**2.父亲要善于帮助孩子分析原因和进行自我调整。**

父亲了解到孩子在学校被孤立的时候，孩子可能不愿意父亲直接进行干预，这个时候父亲要做的就是帮助孩子分析被孤立的原因。如果是因为孩子性格要强、个性张扬，那么不妨让孩子低调一些；如果是因为孩子的行为习惯不好，比如不讲卫生，父亲可以帮助孩子改正；如果孩子被孤立是因为胆小，平时就要多肯定孩子，让他们变得自信。在这个过程中，父母除了给孩子一些建议之外，还必须要跟踪事情转变的情况及结果。

**3.必要的时候父亲可以直接干预，帮助孩子回归集体。**

在孩子进行了自我调整之后仍然被孤立的时候，作为父亲不妨亲自出面，打破孩子被孤立的僵局。一个长期被孤立的孩子在学校要想瞬间交到很多朋友是不可能的，因此父亲不妨指导孩子先结交一两个朋友，孩子有了朋友自然就不会感到孤单了。

**4.父亲可以与老师进行沟通。**

孩子在学校被孤立，这种状态是需要告知老师的，并且父亲可以要求老师进行协助，但是绝对不能打其他同学的小报告，否则会适得其反。

孩子在学校一旦被孤立必须尽早干预，避免他们成为学校中的"另类"。父亲一定要了解孩子在学校的状态，不要只关心孩子的学习成绩，不关心孩子的社交情况。了解了孩子的状态才能帮助他们摆脱社交困境，避免孩子产生严重的心理问题。

**爸爸带娃方法解读**

孩子进入幼儿园之后就有了与人交往的需求，然而调查却发现大概有

5%到6%的孩子存在上学被孤立的现象，甚至会因此产生恐惧心理。如果这种被"孤立"的状态一直持续，可能给孩子的童年留下难以抹去的心理阴影，他们可能会变得自卑、抑郁、孤僻，甚至出现怪癖行为。因此，作为父亲一定要重视孩子在学校的状态。

# 与朋友闹矛盾，帮孩子重拾友谊

孩子和同伴闹矛盾后，如果你处理不当，就会变成火上浇油。随着孩子的成长，他们会有自己的社交圈，但只要是与他人进行交往，就难以避免会发生矛盾。

孩子上了学之后，大部分的时间都待在学校和同学相处，大家都是同龄人，又都是小孩子，相处之中难免会出现一些矛盾和问题。这个时候如果他们向家长求助，家长要怎么做才算是正确的引导，而不是火上浇油呢？

## 爸爸带娃实例

雅雅回到家就扔下书包，十分生气地坐到了沙发上，一言不发。爸爸意识到她生气了，正想要问发生了什么事情，此时门铃响了，来的是雅雅的好朋友晓彤。雅雅看到晓彤进来了，并没有像平时那样开心，反而生气地快步走到门口，晓彤不停地说"对不起"，但晓彤的话音还没落就看到她被雅雅推出门外，并关上了门。

爸爸斥责雅雅的无礼表现，雅雅满眼泪水地说道："她把我昨天晚上辛辛苦苦画的画弄脏了，那幅画是我要参加竞赛用的。她不小心泼上了墨水，我白画了，我再也画不出那么好的画了。"爸爸听了雅雅的话，想起来女儿用了好几天的时间来完成那幅画，雅雅认为晓彤是故意使坏的。于是爸爸理解了雅雅的心情，毕竟那是女儿辛苦了几天画好的。他安慰女儿说："雅雅，你们可是好朋友啊！晓彤也经常会帮助你，上次你画画的纸没有了，还是晓彤将自己的画纸送给你，你才能继续画画的，晓彤怎么可能故意将你的画弄脏呢？你这样怀疑自己的好朋友恐怕不太好呀！"爸爸刚说完，听到门铃再次响起，原来是晓彤来给雅雅送画纸，她说希望雅雅不要生气了，希望她能再画一张更好看的画。

晓彤走后，爸爸对雅雅说道："你看晓彤又给你送了画纸，好朋友之间是需要相互帮助的，也是要相互信任的。"

听了爸爸的话，雅雅似乎没有那么生气了，第二天雅雅画了一幅更好看的画，她又开心地拿给了晓彤看，两个人和好如初了。

在学生阶段，同伴关系是孩子生活中十分重要的一种社会关系。学生的同伴关系核心是友谊，友谊对于孩子来讲有着十分重要的影响，它能为孩子提供相互学习、交往和合作的机会，不仅如此，同伴在一起还能够扩大和丰富孩子的社会关系。友谊能够帮助孩子体验情绪，成为孩子积累情感的力量源泉。

## 爸爸带娃妙招

父亲在陪伴孩子的过程中，要向孩子传输积极的社交行为，帮助他们分辨消极的社交行为，让他们明白哪些行为是大家默许的，哪些行为是不被允许的。对孩子而言，友谊的结束是很正常的现象，当孩子开始对同伴感兴趣时，他们的朋友观念会建立。作为父亲，应该积极地引导孩子学会与朋友分享自己的思想和感情，告诉孩子朋友之间要保持信任和忠诚，与此同时还要保持持久和稳定。

### 1.询问。

当孩子和朋友发生矛盾后，第一表现可能是不想上学，当孩子出现这种情况的时候，一定要积极询问孩子。在询问孩子的过程中，父亲不要直接去询问孩子，而是要学着用旁敲侧击的方式来让孩子说出自己不想上学的理由。

当然，在询问的过程中，父亲不能直接批评孩子，而是要了解清楚孩子与朋友产生矛盾的原因和事情经过，这样才能有针对性地与孩子商量对策，帮助孩子化解心结。

### 2.了解事情的来龙去脉。

如果父亲将询问当作是一种了解孩子内心的方法，那么让孩子把事情的原委说清楚便是询问的结果。在这个过程中爸爸要明白，这只是孩子单方面的叙述，难免会掺杂他们的个人观点和偏见，你所听到的可能不是事情原本的样子。因此，在听的时候千万要留心，不要把孩子的叙述完全当成事实的全部。

对于孩子来说，友谊在他们的人生中所占的分量是很重的，对于同伴的关心和态度也会对孩子产生影响。但是由于他们的心智不成熟，对待交往没有界限，很容易出现问题，此时爸爸要冷静客观地引导孩子。

孩子对友情是很看重的，他们往往会把结果想象得很严重，家长不要觉得他们的想法幼稚可笑，反而要对他们这种重视友谊的阶段好好珍惜，毕竟等到孩子年纪渐长，经历了社会的磨练之后，往往就不会像小时候那样看重友情了。

### 3.关注孩子的感受。

在与孩子交谈的过程中，如果孩子将自己的心事表露出来，就表明他们希望表达自己对这件事情的态度。孩子在乎的可能并不是事情本身，而是希望父亲能了解自己对这件事情的态度。

通常情况下，孩子与朋友之间的矛盾多是简单的，不会牵扯到利益纷争，往往是生活上的一点小事。孩子之所以会因为这些小事情产生心理压力，一方面是因为他们害怕失去朋友，另一方面可能是因为伙伴的做法让他们感到愤怒。

4.找出问题的突破口。

既然孩子很生气，那就表明他还是十分在乎好朋友的，他们只是不知道如何挽回友情，此时父亲可以让孩子知道事实真相，越生气代表对方在他们心里的分量就越重。其实在闹矛盾之后，让孩子知道如何处理与朋友之间的矛盾，能够教会他们换位思考，让孩子学会照顾到朋友的心情。

5.引导孩子想办法，而不是干涉孩子如何去做。

现在的孩子的交友情况与我们这一代是不同的，但是本质上是不变的，孩子在学校需要有志同道合的小伙伴，只有这样他们才能具有学习主动性，将枯燥的学习生活变得有趣。

当孩子和朋友发生矛盾之后，父亲有必要了解发生了什么事，可以帮孩子多出出主意，但更多的则是引导他们主动思考，让孩子学会用自己的方式来解决问题，而不是指导孩子如何去做。

现如今很多孩子都是独生子女，这就导致围绕在他们身边的同龄人很少，会让孩子对朋友有一种特别的希望和期待。因此，孩子在与朋友发生矛盾之后，他们不知道如何解决矛盾时，父亲要做的只是在他们需要帮助的时候，及时给予意见就够了。

**爸爸带娃方法解读**

爸爸在看到孩子与好朋友闹矛盾之后，首先要做的不是去批评孩子，更不是去指责孩子，而是想尽办法先了解到事情的全部经过，帮助孩子拥有处理问题的能力，让他们学会自己摸索着去化解与朋友之间的矛盾，从而积累更多的社交经验，这对孩子以后的成长是十分有帮助的。

## 做孩子心目中的那本"十万个为什么"

"为什么汽车比自行车快？""为什么太阳比月亮温暖？""为什么树叶上的叶脉都不一样？"面对孩子的问题，作为父亲的你是如何回答的呢？

很多父亲对待孩子提出的问题总是表现出不耐烦的态度，甚至会责备孩子"你提的都是些什么问题"。于是，父亲拒绝思考，拒绝回答孩子的这些问题，短时间内父亲会觉得"耳根清净"了，久而久之父亲会发现孩子再也不提问了，甚至在学习中遇到自己不会的问题，也不提出自己的疑问，这究竟是为什么呢？

孩子的成长过程其实是一个好奇心得到满足的过程，当他们对外界事物不了解的时候，往往会提出自己的疑问，展现出自己的好奇心。孩子提出疑问、寻求答案的过程，其实就是他们的认知在不断完善的过程。在这个过程中，合格的父亲会想尽办法满足孩子的求知欲，帮助孩子解决一切问题。因此，在整个过程中，爸爸怎样对待孩子，孩子就会表现出怎样的状态。

## 爸爸带娃实例

一天，皮特向好朋友抱怨："现在的小孩子为什么这么吵，小嘴叽叽喳喳地问个不停，不停地问为什么，简直就是十万个为什么。"就在这个时候，皮特的儿子向他们走过来，仰着头问道："爸爸，我在书里看到，说人是由猴子变的，这是真的吗？"

"是不是真的我不敢确定，但是一个叫达尔文的人是这样推断出来的，我认为他的推论很有道理。"皮特说道。

"那为什么人和猴子长得不一样呢？"儿子继续问道。

"因为有一部分猴子进化了，而有一部分却没有进化。"皮特解释道。

此时，坐在一旁的朋友很好奇，他心想皮特虽然嘴上抱怨孩子问题多，但是却不厌其烦地向孩子解释，耐心地回答孩子的问题。

"为什么一些猴子进化了，而另外一部分没有进化？"儿子继续问道。

……

就这样，皮特和儿子足足讨论了有半个小时。在回答完儿子的问题之后，皮特的朋友对他说道："你简直就是你儿子的百科全书。"

"不，我被我儿子称作'十万个为什么'。"说完，皮特和朋友一起笑了。

不得不说皮特是一位合格的好爸爸，在生活中有多少爸爸能够这样对待孩子，又有几个爸爸能经受得住孩子接二连三的提问呢？

## 爸爸带娃妙招

孩子在成长的过程中，会对世界有强烈的求知欲，因此他们总是会提出各种各样的问题，作为父亲应该耐心地回答孩子的问题，并且利用一切时间进行自我充电，保证自己的知识储备能够满足孩子的求知需求。在这个过程中，父亲要注意以下几点：

1.耐心地回答孩子的问题，不敷衍，也不斥责。

很多父亲在上了一天班之后感觉十分疲倦，下班回家之后他们希望能够清静一下，做一些自己想做的事情。如果此时孩子在自己面前转来转去、问东问西，父亲会十分不耐烦，甚至会斥责孩子："自己去玩，别在这里捣乱。"父亲面对孩子的问题会敷衍了事，这样的做法不但会伤害他们的自尊心，还会打击孩子学习的积极性。

2.及时回答孩子提出的问题，不拖延。

孩子提出的问题，往往是针对性很强的问题，而孩子注意力集中时间较短，问过什么问题可能转眼就忘记了。父母如果过了很久才回答孩子的问题，所起的作用可能就不会太理想。如果父母遇到自己也不懂的问题，可以与孩子一起看书或者是上网查找答案，在这个过程中既锻炼了孩子的动手能力，也锻炼了孩子的思维能力。

3.了解孩子提问的原因，再给予孩子答案。

有的时候孩子提出疑问不是为了获取知识，而是在表达自己内心的不安或不满。此时父亲要做的不是给孩子一个正确的答案，而是尽量抚慰他们幼小的心灵。

4.父亲可以用简单的话语来启发孩子进行独立思考。

随着孩子年龄的增长，他们会提出一些比较复杂的问题，这些问题对开拓孩子的思维和知识面是十分有帮助的。因此，在回答孩子此类问题的时候，父亲要做的就是帮助他们化繁为简，然后在一旁引导孩子，让孩子学会独立寻找答案。

### 5.引导孩子仔细观察，自己寻找答案。

孩子总是会对自然界的各种现象产生兴趣，父亲除了在口头上"接单"之外，还应该引导孩子仔细观察外界事物，这样有利于增强他们的直觉形象思维能力，以及增长知识、开阔眼界。

孩子提问的过程就是思考问题的过程，只有经过大脑的思考，他们才会提出问题。因此，在面对孩子提问时，父亲要有耐心回答他们的问题，同时要利用业余时间丰富自己的知识涵养，尽量满足孩子对知识的需求。

## 爸爸带娃方法解读

一位合格的爸爸从来不会嫌弃孩子的问题多么无聊或多么繁琐，他们会用自己的人生经验和知识储备来回答孩子形形色色的问题。在这个过程中，既能丰富孩子的思想，又能让孩子感受到父亲知识的"渊博"，这对开拓孩子的思维是十分有帮助的。

# 孩子的兴趣，恰巧是你的"爱好"

随着社会的发展，越来越多的父母希望自己的孩子能拥有广泛的兴趣爱好，甚至希望孩子将兴趣爱好打造成"特长"。父母的这种想法没有错误，但是在培养孩子兴趣的过程中，父母究竟该如何去做呢？

有些父亲将孩子的兴趣单纯定义为他们自己的事情，比如，孩子对画画感兴趣，那么就让他们自己去画，不去给予他们正确的引导，他们也只是"乱写乱画"，所以孩子在绘画方面根本不会有建树。而一位合格的父亲，他会将孩子的兴趣当作自己的爱好，孩子爱画画，那么父亲便会学习一些绘画的知识，引导孩子向更"专业"的方面发展。在引导孩子的过程中，父亲是需要付出自己的心力和精力的。

我们经常会发现一种现象，孩子对一个事物保持兴趣，这种兴趣保持的时间很短，或者说孩子在很短的时间里能够保持兴趣，而随着时间的推移，他们的兴趣可能会发生改变。这就需要父亲能够将孩子的兴趣看作自己的爱好，通过自己用心的学习，及时对他们进行引导，他们便会将兴趣坚持下去，甚至有可能发展成特长。

**爸爸带娃实例**

小周发现最近女儿喜欢上了写毛笔字，在很早之前小周买过一支毛笔，他想要练习毛笔字，但是因为工作忙导致小周没有坚持下去。

这天，女儿翻出小周之前买的毛笔和墨水，在纸上乱写了起来。小周开始认为女儿只是好奇，便没有在意。

过了一个星期，小周发现女儿依然每天坚持用毛笔写字，不仅如此，女儿还会在课余时间翻看小周买的字帖，临摹字帖上的字。

小周问女儿是否喜欢写毛笔字，女儿回答得很肯定。第二天，小周便给女儿买来了纸，让她学写毛笔字。

真正学习写毛笔字的过程是枯燥的，小周为了让女儿真正喜欢上写毛笔字，他自己也每天坚持练习。

每天女儿放学、小周下班之后，两个人在书房里安静地写着毛笔字，虽然小周写得不算很好，但是女儿却写得很好，并且一直在进步。女儿很高兴，她说："我和爸爸都爱写毛笔字，我们有共同的爱好，太幸福了！"

对于小周来讲，他和女儿相处的时间也变得更多了，通过两个人一起练习毛笔字，小周发现女儿原来是如此的有毅力，如此的优秀。

**爸爸带娃妙招**

作为父亲都希望孩子能拥有高雅的兴趣爱好，希望他们能够拥有自己擅长的技能。因此，一些家长会选择给孩子报兴趣班，可有的孩子对这些根本不感兴趣。父亲一定要尊重孩子的意愿，以他们的意愿为前提，给他们报兴趣班。为了发展孩子的兴趣，父亲要学着与孩子建立相同的爱好。

### 1.允许孩子更换爱好。

孩子在不同的年龄段会有不同的兴趣爱好，因此孩子对兴趣爱好出现更换的现象也是常有的。父亲不要认为孩子更换兴趣就是"耐力不够""不懂坚持"，要给予他们更换爱好的机会，让他们选择其实也就是顺应他们的成长需求。

### 2.不强制孩子建立兴趣爱好。

有些父亲看到孩子稍微对某件事情感兴趣，便认为孩子的兴趣点在这里，然后直接给予孩子专业的指导，希望他们将兴趣发展为特长。当然，父亲的初衷是没有错的，但是并不是所有孩子感兴趣的事情都适合当成他们的特长来培养。父亲不要将自己的意愿强加给孩子，否则他们会彻底放弃这个兴趣的。

### 3.并不是所有的兴趣都适合孩子。

对孩子来讲，适合孩子的事情才能对他们有帮助，但是随着社会的发展，孩子接触外界的事物越来越广泛，这就导致他们的兴趣也越来越广泛。当然，有些兴趣爱好不适合孩子，这就需要父亲给予正确的指导，协助他们做出正确的选择。

与孩子发展相同的兴趣爱好能够增进亲子关系，让父子、父女之间多一些沟通的机会。对于孩子来讲，他们可以从父亲身上学到很多东西，孩子会更加喜爱和崇拜自己的父亲。父亲在培养孩子兴趣的同时也完善了自我，这对父亲来讲也是有利无害的。

**爸爸带娃方法解读**

　　孩子的兴趣爱好容易发生变化，想要让他们的兴趣少一些变动，坚持将兴趣发展成特长，这就需要父亲付出很多精力和时间。父亲与孩子发展共同的兴趣爱好，这对他们学习知识、发展特长来说也是十分有益的。孩子的兴趣点，也是促进父亲进步的方向。

## 善于学习，做孩子心目中的英雄

人们常说，子不教父之过。可见，父亲在教育孩子这件事情上，有着不可替代的作用。

一位优秀的父亲不仅注重对孩子的陪伴，更会不断提升自己，努力给孩子树立一个积极、正面的榜样。作为父亲的你是否想过，自己究竟要怎样扮演父亲的角色？你要在孩子心目中充当怎样的榜样角色？你要让孩子将你看作"英雄"还是"笨蛋"？

或许你会说，我也想给孩子树立一个好榜样，但是我的工作太忙了，根本没有时间去思考如何教育和陪伴孩子。这样的话不如说我们因为自己的情绪、自己的懒惰，放弃对孩子付出很多心力。

在父亲的内心中，都渴望成为孩子心目中的榜样和英雄，但是我们回顾自己的生活时不难发现，我们的榜样行为并不是持久的，或者说不是常有的，这是因为我们没有坚持用心陪伴孩子、教导孩子。

孩子是父亲最大的"产业"，是上天赐给父亲一生中最重要的一份"产业"。想要经营好这项"产业"，就需要付出心思来教导孩子。孩子在我们心目中的地位，是我们能否成为英雄的前提，否则父亲也没有足够的能力在生活中持续不断地践行英雄行为。

## 爸爸带娃实例

张亮讲述了自己与儿子一起经历的一件事情：

我在儿子8岁的时候，带他去滑雪，其实去之前我也不会滑雪，只是儿子想学，正好赶上孩子放寒假，我就带他一起去了。

在滑雪场有专门的教练教他怎么滑雪，儿子很认真地跟教练学。我就站在一旁看着，儿子突然扭过头问我："爸爸，你会滑雪吗？"

我摇摇头说自己不会滑雪，我从儿子的眼神中能看出他有些失望，我问他怎么了，他说："蒋鹏鹏的爸爸滑雪特别厉害，每年蒋鹏鹏都会和他爸爸一起去滑雪，我以为您会滑雪呢。我还在想我学会滑雪了，就可以每年跟您一起来这里滑雪了。"

原来，儿子学滑雪是为了能跟我一起出来玩。当即我就开始跟教练学，过了两个多小时，我基本上能掌握滑雪的要领了。然后，我就跟儿子一起慢慢练习。

我们在那边住了一个星期，我先学会了滑雪，后来儿子也学会了，他说："爸爸，你滑得很棒，太厉害了。"从儿子的眼神中我能看出，他以我为傲。

在很多孩子的心目中，他们都希望自己的父亲是一个英雄，能够做很多自己不敢做或者不能做的事情，而每位父亲都希望能给孩子起到榜样的作用。

**爸爸带娃妙招**

都说父母是孩子的第一任老师，对孩子的成长会起到潜移默化的作用，那么如何成为孩子的榜样？父亲要从以下这几点来着手：

**1.父亲要从自身做起，加强自身的学习。**

如果父亲想要成为孩子的榜样，自然要懂的比孩子多、会的比孩子多，因此父亲需要丰富自己的阅历和知识，在孩子需要的时候给予孩子足够的支持和帮助，这会直接影响到孩子的行为和思想。

**2.父亲可以订阅一些孩子感兴趣的读物，与孩子一起阅读。**

读书的过程，其实是父亲与孩子一同汲取营养的过程，让孩子看到父亲爱学习的一面，这对提升孩子的求知欲和良好学习习惯的养成，也是十分有帮助的。

**3.父亲要有自己擅长的知识领域。**

我们常常希望孩子拥有特长，其实对于父亲来讲也是一样，在教育孩子的过程中一定要多学习，丰富自己的知识结构，从而满足孩子的好奇心和知识需求。只有这样孩子才会意识到父亲知识渊博，才会将父亲当作自己心目中的偶像。

每个父亲都希望成为孩子心目中的偶像，有些父亲还希望孩子能够向自己学习，而要想实现这一目的，父亲就要先丰富自己的大脑，成为孩子的知识宝库，让孩子感受到父亲不可替代的位置。不仅如此，在教育孩子的过程中，树立父亲的英雄形象能增强孩子的自信心，让孩子感受到来自家庭的安全感。

**爸爸带娃方法解读**

每个孩子都是一束阳光，他们能照进父母的心房。如果父亲的身上充满力量、积极、勇敢、胆识，那么父亲就是孩子心目中一道绚丽的彩虹，帮助孩子变得更加自信，给予孩子人生正确的指引。因此，父亲要不断增强自己的文化修养，提高自己的知识水平，做孩子心中永远不变的英雄。

第九章

爱商教育，让孩子更懂珍惜与感恩

# 爱国教育，让孩子懂得感恩

　　羊有跪乳之恩，乌鸦有反哺之义。感恩之心每个人都需要拥有，当一个人拥有了感恩之心，才能更加珍惜现在的生活。心怀感恩世界才会美好，学会感恩生活才会快乐。对于孩子的成长来讲，懂得感恩会让他们珍惜眼前的生活，对他们的成长十分有利。

　　爱国就是对祖国忠诚和热爱。在中华民族五千年的发展历程中，中华民族早已形成了以爱国主义为核心的伟大的民族精神。在日常生活中，培养孩子的爱国主义情怀，能够让他们懂得感恩国家、感恩家庭、感恩父母。

　　一个懂得感恩的孩子，往往是一个善良的孩子。感恩本身是温暖的，当孩子内心充满了温暖之情时，他们能体会到来自社会的爱，能感知到世间的一切美好，这对孩子的爱商培养是十分有帮助的。

　　一个懂得爱的孩子能够发现一切美好，同样，一个懂得爱自己国家的孩子，自然会充满民族的荣誉感，也会更加珍惜当下美好、幸福的生活。因此，父亲在陪伴孩子的过程中，一定要注重爱国主义教育，不要让孩子只懂得学习，不懂得感恩。

爱国情感是千百年来巩固起来的对自己祖国的一种最深厚的情感，对国家的爱越深，越珍惜现有的生活。孩子要学会珍惜，珍惜父母给予的一切，珍惜国家给予的一切。

### 爸爸带娃实例

在饭桌上，小王生气地冲儿子喊道："你看你吃个饭，把米饭、菜掉得哪儿哪儿都是。"

儿子听了小王的喊声，没有丝毫的反应，随后慢吞吞地说道："不就是几粒米吗？您至于这么生气吗？"

听了儿子的话小王更加生气，因为在小王的童年里，家里根本吃不上白米饭，吃得最多的就是玉米面窝头。现在生活条件好了，小王十分珍惜现在的生活，他不想让儿子浪费粮食，因为他知道粮食来之不易。

第二天，儿子拿着一个苹果吃，一不小心将吃了一大半的苹果掉到了地上。儿子二话不说，拿起地上的苹果扔到了垃圾桶里。这一切被小王看在眼里，过了一会儿，他对儿子说："儿子，明天是周六，我带你出去玩怎么样？"

儿子自然十分开心，他一直期盼着能够出去玩，没想到这次父亲竟然主动说要带自己出去玩。

小王开车带着儿子去了很远的地方，大半天的时间过去了，终于到达了目的地。目的地是一个小村庄，儿子好奇地问爸爸，为什么要带自己来这里。

小王说这里有很有意义的东西。儿子看到了路边一个5岁左右的小男孩，小男孩身上的衣服已经很脏了，头发也很乱，他正在吃一块儿沾了泥土的饼干。

之后，小王带儿子来到了一块农田里，只见一位老爷爷在农田里播种，老爷爷的衣服已经被汗水打湿。儿子问小王："爸爸，老爷爷怎么出那么多汗？"

"因为老爷爷在种水稻，也就是你昨天吃的大米。老爷爷要流很多汗才能种出来那一粒粒的大米，这些在你上一年级的时候就应该学过。"小王说道。随即，小王让儿子也同老爷爷一起，学习种水稻，不到十分钟，就满头大汗。儿子坐在一旁休息的时候，一言不发。

第二天，在回来的路上，儿子依旧沉默不语。"你见到的那个小男孩在吃饼干，虽然饼干已经沾了土，但是他依然舍不得扔掉。"小王说道。

"现在生活条件好了，为什么老爷爷还要受苦种地呢？"儿子问道。

"因为所有人都要吃饭，如果农民伯伯不种庄稼，我们吃什么？我们国家现在在高速发展，靠的不是浪费，而是珍惜当下的生活，节约粮食，勤劳奋斗。"小王借机说道。

"爸爸，我知道错了，我以后再也不浪费粮食了。"儿子低着头说道。

小王紧接着对儿子说道："我们要懂得感恩，感激国家提供给我们这么丰富的物质生活，感谢农民伯伯这么辛苦的工作。"

小王明白只有让孩子亲身体会，他才能懂得珍惜、学会感恩，才能真正意识到自己的错误，才能学会如何去爱国家和尊重别人。

## 爸爸带娃妙招

想要让孩子学会感恩父母、感恩社会，弘扬爱国主义精神，传承中华民族文化，做一个对社会有用的人，父亲不妨从以下几点来做：

**1.让孩子身在福中要知福，通过对比感恩国家。**

很多家庭都是独生子女，很多家长过分溺爱孩子，放在口中怕化了，拿在手里怕掉了，生怕孩子受一点儿苦，他们却身在福中不知福，这对他们的成长是没有好处的。因此，要让孩子了解到自己是多么的幸福和幸运，自己现在拥有的生活是国家给予的，可以通过看《新闻联播》、与其他国家进行对比，让孩子从心底真正意识到我们国家的好，从而懂得热爱国家、感恩国家。

**2.养成感恩的习惯。**

让孩子从小就沉浸在感恩的环境中，父亲要以身作则，做好示范，利用一切可以利用的机会对孩子进行教育。只有这样孩子才能养成对事物充满感恩的习惯，也只有这样才能让孩子感受到自己是多么的幸福。

**3.充分利用各种节日。**

父亲可以利用节日向孩子开展亲情教育，比如，春节教孩子接受长辈的礼物时，要学会表示感谢，学会珍惜和别人之间的情谊；五一劳动节教会孩子热爱劳动，通过勤奋的劳动来改善自己的生活。

**4."计较"孩子的付出。**

不能让孩子感觉你对他一无所求，要让他们懂得索取是需要付出的，不能无条件地向父母进行索取。

对于孩子来讲，他们总是会提出一些看似过分的要求，比如，孩子已经买了一堆玩具，他们还是会要求买相同的玩具，面对这种情况的时候父亲要学会让孩子"妥协"，既让他们了解父母的艰辛，同时让他们懂得感恩。

**爸爸带娃方法解读**

在当下社会，一些孩子不懂得感恩，这除了与社会大环境有关系之外，与家长的教育疏忽也是有紧密关系的。很多父亲只注重对孩子学习方面的培养，根本不关心他们是否懂得感恩。我们要让孩子知道，并非回报大恩大德的举动才叫报恩，才叫懂得感恩，对父母的点滴孝行，对他人看似微不足道的关心，也是一种报恩。如果孩子能常怀感恩之心、爱国之心，不仅能培养其与人为善、与人为乐的品德，促进他们自身人格健康发展，还能够帮助孩子建立良好的人际关系，让他们具有社会责任感和幸福感，从而成为一个对国家、对社会有用的人。

# 懂自爱，才能让孩子学会爱别人

自爱是什么？自爱就是爱自己。那么父亲如何教孩子学会自爱呢？一个人如果不懂得爱自己，那么也不容易接受别人。自尊自爱，意味着爱惜自己的身体、声誉等，不允许别人侮辱自己，自己也不去做卑躬屈膝的事情。自尊自爱不仅表现为拥有良好的心理状态，更表现为一种高素质、文明的行为。一个人只有做到了自尊自爱，才能得到别人的尊重。因此，父亲必须要在生活中教会孩子自尊自爱。

在生活中，有一些顽劣的孩子，他们不懂得自尊自爱，无论爸爸怎么责骂，妈妈如何批评，他们都好像没听见一样，依然我行我素，这些孩子会让父母觉得很难管教。还有一些孩子，有了不好的行为之后，只要爸爸稍微暗示一下，他们就会及时改正，因为他们懂得自尊自爱，更懂得如何去完善自我。

爸爸必须让孩子明白如何做才是自尊自爱的行为，慢慢引导孩子学会自尊自爱。在日常生活中，爸爸要规范自己的言行，不仅要自己做到自尊自爱，更要尊重孩子、爱护孩子，不轻易打骂孩子，不做伤害别人自尊心的事。与此同时，父亲要多对孩子进行表扬和肯定，经常表达对孩子的关心和疼爱。

### 爸爸带娃实例

张小凡小时候十分淘气，老师经常批评他，再加上他的学习成绩不好，很多同学经常取笑他，因此，张小凡变得更加调皮，他觉得自己不管怎么做，都得不到别人的夸赞，那就不用再努力学习和遵守纪律了。对于张小凡的表现，父亲看在眼里、急在心里。这天，张小凡看到院子里有一只蝴蝶飞来飞去，十分兴奋。父亲对张小凡说道："小凡，你听过蝴蝶的故事吗？"

张小凡摇摇头，父亲便给他讲了这样一个故事：

一天，一只毛毛虫在地上爬，它看到了一只蚂蚁，便对蚂蚁说："小蚂蚁，我们一起玩，好不好？"小蚂蚁看了毛毛虫一眼，不屑地说道："我才不和你一起玩，你长得这么丑。"说完，小蚂蚁扭头回到了窝里。

毛毛虫又向前爬，看到了一只蝴蝶，毛毛虫自卑地低着头说道："你真漂亮，肯定有很多好朋友，我这么丑，一个好朋友也没有。"

蝴蝶说道："你也可以变得很漂亮，不要嫌弃自己，更不要因为别人而嫌弃自己。我愿意当你的好朋友。"

毛毛虫听了蝴蝶的话十分开心，自信地说道："我不会再因为别人说我丑而感到自卑了。"时间流逝，毛毛虫变成了蛹，之后它破蛹而出，成为了一只漂亮的蝴蝶。

爸爸对张小凡说："毛毛虫是一只懂得自尊自爱的虫子，如果它因为蚂蚁嫌自己丑而自暴自弃，那么蝴蝶恐怕也不愿意和它做朋友，它可能就放弃了做一只美丽蝴蝶的机会。"

张小凡明白了爸爸的意思，从那天之后，他不再故意调皮捣蛋了，学习成绩也有所提高。

### 爸爸带娃妙招

孩子学会了自尊自爱，便能够通过自己的努力进步，在将来获得更大的成功，拥有更美好的生活。也只有自尊自爱的孩子，才能够学会如何去爱别人，如何与别人建立良好的关系。

**1.爸爸首先自己要做到自尊自爱。**

父亲在陪伴孩子的过程中，孩子会将父亲当作自己模仿的对象。如果平时爸爸为人处世时刻做到自尊自爱，孩子在父亲的耳濡目染之下，也会学着爸爸的样子去做事情，在不知不觉中他们就学会了自尊自爱。

因此，父亲不管在什么情况下，都要时刻注意自己的言行举止，给孩子做榜样，以身作则来教育、引导他们。

**2.充分尊重孩子。**

很多父亲受到传统思想的影响，认为孩子是自己所生，因此自己想用怎样的方式就用怎样的方式来教育孩子。有些父亲会用一些讽刺、挖苦的语言，当众批评孩子，甚至会做出一些伤害他们自尊的事情，这样不尊重孩子的行为会让他们感到非常自卑，甚至会让孩子产生心理阴影。

孩子的良好表现都是在父母对他们充分的尊重下形成的。所以，要想让孩子成为一个优秀的人，爸爸一定要充分地尊重孩子，给孩子留足面子。

**3.让孩子学会尊重、关爱别人。**

父亲要让孩子充分懂得自尊自爱，活得更加有尊严。不仅如此，还要让孩子懂得尊重别人、关爱别人，因为只有这样他们才能得到别人的尊重。孩子对别人的态度，决定着别人对孩子的态度。因此，父亲需要告诉孩子，想要得到别人的尊重，就需要维护自尊、关爱别人。

4.正确应对孩子的成功和失败。

在孩子的一生中，可能会遇到很多困难与挫折，也会遭遇很多失败。父亲在孩子失败的时候要正确处理，多鼓励他们，让孩子感受到来自父亲的支持。如果孩子失败了，父亲不要冷漠地对待他们；如果孩子成功了，爸爸也不要喜形于色。不管孩子是成功还是失败，爸爸都要无条件地表达对他们的爱，并给予孩子一定的支持。当孩子知道自己一直被爱着，便能够勇敢地去面对和突破自己。

爸爸带娃方法解读

当你的孩子变得有教养又自爱时，作为父亲，你一定会感到十分骄傲和自豪，但这个过程并不是一蹴而就的，而是非常琐碎且漫长的，父亲千万别因为小事而放弃，因为孩子的未来就是由这一件件的小事成就的。

# 亲近自然，帮孩子建立慈悲之心

随着社会的发展，越来越多的孩子变成了"宅儿童"，将来社会上又可能会出现很多与自然隔绝的"宅少年""宅青年"，这些孩子不关注大自然的鸟语花香、小溪潺潺，他们的关注点只有电脑里的"奥特曼"和"艾尔莎公主"。这些孩子离自然越来越远，这种疏离会导致他们的感官退化，让孩子感受不到大自然的美好，甚至会让他们失去慈悲之心和怜悯之心。

一个从小就对生命、对自然失去敏感的孩子，长大之后怎么会关心他人和关爱生命呢？作为成年人的我们，应该十分清楚具备责任感对人的一生来讲是多么的重要。因此，我们应该创建一个良好的环境，从而激发孩子的慈悲之心。

孩子的慈悲之心的根源是内心的责任感，而他们在亲近自然的过程中会产生对外界的好奇心。在大自然中，父亲与孩子的情绪都能够得到很好的释放，共同嬉闹、玩耍能增进亲子之间的感情。在陌生的环境中，对绿树、青草、花朵、高山等这一切产生的好奇心，能够促进孩子情感、智力的发展，对他们的身体健康也是十分有利的。

现在的孩子学习任务繁重，他们常常因为学习而失去亲近大自然的机会。在国外，很多父母会带着出生仅仅几天的孩子去大自然闻闻花香，听听鸟叫。不仅如此，国外每所小学都会有自然课程，要求孩子观察大自然。总之，让孩子亲近大自然，能够激发他们对自然的热爱，同时也是培养孩子责任心和怜悯之心的关键一步。

### 爸爸带娃实例

一档综艺节目向我们展现了两个不同地方孩子的生活状态。

小宇来自大城市，他的父母工作忙，很少带他出去游玩，以至于到了小学五年级，他还没有见过小麦长什么样子，他接触最多的就是游戏机和电脑。除了学习，他会花费很多时间在玩游戏和玩电脑上。在小宇的思想里，一切都是可以用金钱来实现的。于是，他将父亲养的金鱼拿出鱼缸玩，这直接导致了小鱼死亡，他用石头扔打小区的流浪猫，并将好心人投喂的猫粮丢掉。

在小宇的思想里，似乎对生死没有概念，也没有对生命产生过怜惜，就连一直十分疼爱他的奶奶去世，小宇似乎也没有表现出过多的悲伤。在生活中，小宇害怕遇到挫败、遇到困难的事情。

与小宇生活环境截然不同的是一位叫子怡的女孩，她和小宇一样上五年级。因为生活在山里，每天除了上学，放学之后她会跟随父亲去山上玩耍，因此，她接触最多的是大山，她知道二十四节气的特点，农作物的生长习性，更知道在什么季节山里会有什么花、什么虫。

子怡十分热爱大山，虽然山里的生活条件十分艰苦，但是她热爱山里的一切，她看到花落会伤心，看到花开会开心，听到鸟叫会开心地呼唤，看到落日会浮想联翩。遇到困难，子怡从来没有胆怯和退缩，她总是会主动"迎战"。

两个孩子表现出的差异很大程度上源于他们接触到的事物，这档节目不是通过两个孩子的表现来评判他们的生活环境，而是想要告诉父母，真正对孩子好，就要让他们多接触自然，多感知自然。

### 爸爸带娃妙招

有些父亲会觉得自己的工作太忙，根本没时间带孩子去大自然中"疯跑"，其实，父亲努力工作，不就是为了给孩子创造良好的生活环境，让他们更好地成长吗？但是对于孩子来讲，与大自然亲近，才能得到更好的成长。

#### 1.孩子更富有想象力。

自然界有山川河流、鸟语花香，有茂密的树林，有潺潺的流水，这些都将给孩子带来乐趣和美的遐想，能让他们的想象力变得丰富。对于孩子来讲，拥有丰富的想象力能够让他们的大脑思维更加具有跳跃性，能够提升他们的创新能力。

#### 2.孩子的观察力会更敏锐。

父亲带孩子亲近自然，能够让他们观察自然中的点点滴滴，让孩子感受到大自然的神奇，同时能够培养他们观察细微事物的能力，让孩子做事情变得更加认真。

#### 3.孩子的注意力更集中。

科学家通过调查发现，如果孩子每日花费在电子设备上的时间超过6个小时，这对他们的成长是没有好处的。如果想要转移孩子的思维和注意力，最好的办法就是让他们多亲近大自然。研究表明，在自然界中步行20分钟，会比在嘈杂的步行街中行走20分钟更能使人静下心来。因此，父亲一定要多带孩子到大自然中，这样他们的注意力更容易集中，这对他们的学习和生活都是有利的。

### 4.多亲近自然能让孩子的身体更健康。

这点是毋庸置疑的，因为大自然就是孩子的天然运动场。父亲是否发现，孩子的体能是十分惊人的，他们可以在不知疲惫的状态下疯跑一整天。当孩子整天被拘束在狭小的房间里时，他们运动的潜能就会被压抑。经常在自然中"摸爬滚打"的孩子身体会更健康。

### 5.孩子会更有毅力。

孩子天生喜爱运动，在大自然中疯跑疯玩的过程，其实就是在让他们体验疲惫感，疲惫感的体验可以强化孩子的生命觉悟，让孩子变得更坚韧、有毅力。

### 6.让孩子更懂得怜惜之情。

大自然中多是一些花草虫鱼，让孩子感受大自然，其实也就是让他们感受自然的生命力，让他们感受到生命的强大和脆弱。这有助于孩子产生怜悯之情，而怜悯的背后是他们的慈爱之心。通过对自然的感知，产生相应的情感，这对孩子爱商的建立是十分有帮助的。

多亲近自然，还能够缓解孩子内心的压力，尤其是他们在学习中有了压力之后，通过接触自然的方式能够让孩子暂时缓解压力，甚至还能得到相应的启发，让他们获得更多爱的感受。

### 爸爸带娃方法解读

对于父亲来讲，在陪伴孩子的过程中，不仅要教会他们如何为人，更要教会他们如何去爱人，懂得爱的孩子才能真正感受到世界的美好。懂得爱是一种必须具备的能力，而这种能力的建立就来自于大自然。在大自然中，孩子爱一草一木，一草一木便会展现给孩子足够的活力和生机；孩子爱惜自然界的鸟语虫鸣，便能感受到鸟儿的活泼与飞虫的灵活。让孩子接近自然，获得慈悲之心，善良会让他们的内心变得更加温暖和柔软。

# 恰当处理家庭矛盾，让孩子懂得亲情可贵

萧伯纳曾经说过："家是世界上唯一隐藏人类缺点与失败的地方，它同时也蕴藏着甜蜜的爱。"可见，亲情能够让人感受到无比甜蜜的爱。

我们生命中最为宝贵的东西之一就是亲情。一个人从生下来就拥有了亲情，也正因为如此，很多人会将亲情看得习以为常，有时我们在不经意间就会将看似平常的亲情抛之脑后，做出伤害亲情的举动。在一个家庭中，家庭成员之间出现矛盾也是无法避免的，作为父亲，一个家庭的顶梁柱，应该学会正确处理家庭矛盾，尤其是在孩子面前，要能够恰到好处地处理家庭矛盾，这对他们感受亲情是十分有帮助的。

一位社会学家经过研究发现，一个人处理家庭矛盾的方式会被遗传，也就是说，现在父亲如何处理家庭矛盾，以后孩子也很可能用同样的方式来处理他的家庭矛盾。比如，当父母之间出现了分歧，父亲用大声吼叫的方式来解决分

歧，这种解决方法被孩子看在了眼里，他们自然也会效仿父亲的所作所为，等到孩子长大之后，组建了自己的家庭，他们也会用大喊大叫的方式来解决自己的家庭矛盾。

所以父亲能够恰当地处理家庭矛盾，不仅关乎孩子的心理健康，更关乎他们对亲情的认知。如果父亲用粗暴的方式解决矛盾，孩子会认为粗暴的吼叫就是亲情，而父亲用理性、委婉的方式来解决家庭纷争，他们会将理性和温柔看作是解决问题的有效方式。

亲情如同长白山顶的积雪，简洁却永恒，如果父亲能够让孩子感知到亲情的永恒，他们自然也会珍视眼前的亲情。

## 爸爸带娃实例

张杰最近工作压力很大，因为单位来了一位新领导，新领导对他的工作不太满意。张杰的妻子是一位家庭主妇，在家里照顾五年级的儿子。

这天张杰因为工作压力大，晚上和同事一起出去吃饭，多喝了一些酒。回到家中，妻子抱怨张杰回来得太晚，还喝这么多酒。张杰因为心烦，便和妻子吵了起来。

因为喝酒的原因，张杰没有控制好自己的情绪，一气之下将手机摔了。这一幕正好被儿子看到。

第二天，张杰意识到自己的情绪可能过于激动，不该将工作上的负面情绪带到家庭中，便与妻子和好了。张杰以为这件事情就这样过去了。

过了一个多星期，张杰正在上班，儿子的班主任王老师打来电话，希望张杰能够去学校一趟。

张杰知道肯定是儿子闯祸了。到了学校，王老师对张杰说："小齐（张杰儿子）最近似乎很暴躁，今天一位女同学说小齐的手表没有她的漂亮，小齐一生气，竟然将这位女同学的手表扔到地上，摔坏了。"

此时，张杰似乎意识到了问题的严重性，之前儿子从来没有摔东西的习惯，他心想可能是自己那天晚上的错误举动，导致儿子产生这种不良的行为。

### 爸爸带娃妙招

在家庭生活中，发生磕磕绊绊在所难免，家庭成员出现矛盾也是再正常不过的事情了，而家庭矛盾一般都不是什么原则性的问题，都是一些鸡毛蒜皮的小事情。不管是亲子之间的矛盾，还是夫妻之间的矛盾，爸爸必须要妥善地进行处理，这对孩子感知亲情是十分有帮助的。

**1.在矛盾面前要保持理智的心态。**

在家庭生活中，意见不统一是常有的，此时父亲一定要平静对待，注意自己说话的语调，不要大声吼叫，不要以为用大声吼叫的方式能够解决问题。如果父亲能够理智地去处理矛盾，矛盾就会化小，小事也就化了了。

**2.解决家庭矛盾的关键一环是学会换位思考。**

有些时候身处的位置不一样，对待事情的看法就会有所不同。作为父亲要尝试站在家庭成员的角度想想，你会有不一样的感悟。如果父亲与孩子发生了矛盾，一定要学会站在孩子的角度重新认识问题，这样能够让父亲产生更具体的认知。

**3.父亲要懂得包容。**

人非圣贤孰能无过，不要因为孩子的一些小过失就喋喋不休，唠叨个没完，更不要抓着一个错误不放手，要给他们改错的空间和时间。对待家庭其他成员也是如此，要学会包容家庭成员的过失，只有这样才能找到解决矛盾的方法，而不是将矛盾停留在压制的层面。

**4.避免冷战，多沟通、多交流。**

家庭是世界上最为亲密的团体，如果出现意见不合，一定要通过交流的方式来解决问题，而不是各自保持沉默，一言不发，这是最不正确的处理方法。想要一家和睦，让孩子感受到亲情的温暖，就要为他们创建和谐的家庭氛围，而家庭氛围是否和谐，很大程度上取决于家庭成员之间是否能够坦诚地进行沟通。

因为孩子的教育问题而发生矛盾时，在处理的过程中一定要考虑到孩子的感受，不要用暴力的方式来解决家庭矛盾，否则会让他们错误地认为暴力、冷漠是解决问题的唯一方法。

亲情是温暖的、充满爱的，而发生家庭矛盾时正是检验亲情的时候，父亲要学会用正确的方式来处理家庭中的问题，理性对待发生的一切，只有这样才能让孩子感受到来自家庭的温暖和爱。

**爸爸带娃方法解读**

爸爸作为家庭的主心骨，在维护家庭和睦方面要起到积极的作用。比如，可以定期带家人出去走走，这样做能够缓解家庭成员的生活压力，增进家庭成员的感情，也能够让孩子感受到来自家庭的爱和温暖。与此同时，当父亲在工作中产生负面情绪时，千万不要将负面情绪带到家中，更不要将家庭成员当作是情绪发泄的"出气筒"，这样做只会让家庭成员之间的矛盾更深，甚至会影响家庭的完整性。

## 榜样效应：让孩子学会尊老爱幼

什么是榜样效应？所谓榜样效应就是具有代表性的先进人物，在影响和激励人的过程中能产生的效果，以及在生活中发挥的带头作用。运用到教育中，就是父母要做孩子的榜样，比如，如果父母希望孩子能够好好学习，那么自己就要做到好好工作。

善于利用榜样作用对孩子进行教育，这样做能够让他们感受到长幼尊卑。为什么这样说呢？

在家庭中，父亲需要在孩子面前树立正面的形象与威严，让他们感受到父亲充满力量、正能量的形象。在这个过程中，父亲必然要以长辈的姿态站在孩子面前，而孩子必然要明白自己在父亲面前是个孩子。父亲的这种威严感，并不代表父亲可以肆意"压制"孩子，而是意味着要孩子学会尊重长者。

如果在一个家庭中，孩子不懂得尊重父母，而父母也不知道爱护幼小，这个家就不能称之为家。因此，在教育孩子的过程中，要让他们明白基本礼数，这就需要父母为孩子做榜样。首先父母做到敬爱长辈、爱护晚辈，孩子才会按照父母的样子去对待长幼。

孟子云："老吾老，以及人之老，幼吾幼，以及人之幼。"尊老爱幼是我们中华民族的传统美德，也是尊重自己的一种表现。人都是从幼年走向老年的，婴儿时期的人类没有生活能力，理应得到来自长辈的关爱，老人像快要燃尽的蜡烛，更应该得到应有的尊重。

### 爸爸带娃实例

老张40岁才有了儿子，因此他十分疼爱这个儿子，家里的老人更是将孩子看作是家里的"小皇帝"。无论儿子提出什么要求，老人都会想尽办法满足他，不管是吃的、穿的，还是用的、玩的，都希望给他最好的。

这天，老张父亲过生日，老张买了一个很大的生日蛋糕，希望等到晚上给父亲庆祝生日时与家人一起分享。

老张将蛋糕带回家，放到了厨房里，然后便下楼遛弯儿了。儿子放学回到家后，看到厨房有一个大蛋糕，便直接用手抠了一块放到嘴里，还将蛋糕上面的寿桃直接切了下来，然后开心地吃了起来。

恰巧老张回来了，看到蛋糕已经被儿子吃了一大块，他生气地对儿子喊道："你不知道今天是爷爷的生日吗？"

"知道啊。"儿子边吃边说。

"那你怎么现在就吃蛋糕，爷爷还没回来，再说还要给爷爷庆祝生日呢！"老张生气地说道。

"我饿了呀，再说就是爷爷在家，我说饿了，爷爷也会让我先吃的。"儿子不耐烦地说道。

老张听了儿子的话十分生气，然后对他讲了孔融让梨的故事："孔融4岁的时候，就知道将大的梨留给哥哥吃，自己吃小的。你看，4岁的孔融都明白尊重长辈的道理。"

儿子似乎并不屑于老张的教导，说道："那为什么每次吃饭的时候，爷爷奶奶还没坐下，你坐下就开始吃？"

听了儿子的话，老张竟然无言以对。

很显然，在生活中老张就没有给孩子起到榜样作用，在老张身上儿子没有看到他是如何尊重长辈的，自然会认为尊重长辈是不重要的。

俗话说得好，人无礼则不立，事无礼则不成，国无礼则不宁。然而，现在一些孩子把传统礼仪、教养丢到了脑后，这与父母是有直接关系的。

### 爸爸带娃妙招

中国被誉为"文明古国，礼仪之邦"。在家庭生活中，要想让孩子学会长幼尊卑，父亲就要给他们做好榜样。

**1.父亲要在小事上做到尊重长者。**

要让孩子学会尊重长辈，作为父亲首先要学会尊重长辈。在生活中，父亲在各种小事上就要尊重长辈，比如，长辈开始就餐，自己才能就餐；长辈起身出门，自己要起身相送；长辈进门，自己要起身迎接，等等。从小事上注意自己的言行，能够给孩子起到很好的榜样作用。

**2.父亲要懂得爱护幼小。**

在孩子面前父亲要意识到自己是长辈，要懂得爱护小辈。比如，帮助孩子解决问题，尤其是他们遇到了自己无法解决的问题时，作为父亲要关爱孩子，只有这样才能让他们感受到尊重长辈也会被温柔以待。

"我每次遇到困难的时候，都是爸爸给我指明方向的，我非常尊重我的爸爸，这就是我为什么每次考试都是第一名的原因。"这是一位名校学霸讲述的经验。

不懂长幼尊卑的孩子就不会有孝心，作为"百善孝为先"的中华民族，我们将"孝"看得比什么都重要。孝是中华民族的传统美德，是尊长敬老的一种风俗。在家庭生活中，长幼尊卑，次序井然，才是应有的样子。一个懂得长幼尊卑的孩子，背后一定有一位孝顺的父亲；一个明白礼让幼小的孩子，背后一定有一位爱护幼小的父亲。这样的孩子做什么都不会失败。

## 爸爸带娃方法解读

在所有的家庭教育中，父亲的身教要比言教更有作用、更为重要。尤其是在孩子品行的养成方面，只有爸爸成为一个懂得长幼尊卑的人，孩子才可能成为尊老爱幼、懂礼知礼的人。相反，如果父亲对待长辈不够孝顺，对孩子总是拳脚相向，那么孩子会效仿你的行为，自然也不会成为一个尊老爱幼之人。教育孩子最直接的方法就是身教，父亲要善于发挥榜样作用，让孩子从自己的身上看到尊老爱幼的重要性。

第十章

共情养育，
理解孩子行为背后的情感

# 尊重孩子的情绪，不压抑、不排斥

情绪是多种感觉、思想和行为综合而产生的心理和生理状态。我们对人类情绪的分类，主要包括快乐、感兴趣、惊奇、愤怒、悲伤、厌恶、恐惧、羞耻、内疚，共九个方面。每一种情绪都有其特定的作用，无论是正面的、积极的情绪，还是负面的、消极的情绪，都可以对孩子的成长产生影响。情绪说到底其实没有对错好坏之分，只要我们运用得当，情绪是可以变成我们的帮手的。

随着孩子的成长，他们的情绪也会变得越来越细腻，越来越丰满。作为父亲，你是否意识到了孩子情绪的存在？在生活中，很多父亲意识不到孩子的情绪变化，也意识不到他们情绪的存在，总是以"这么点儿的孩子，能有什么心事"为借口，拒绝让孩子产生情绪，甚至压制他们的情绪。

当孩子对某件事情产生积极情绪的时候，父亲可能不会觉得有什么不妥，而当孩子对某件事情产生消极、负面的情绪时，父亲要加以重视，不仅不能忽略孩子的情绪变化，更不能用自己的情绪去压制他们的情绪，也不能用自己的情绪排斥他们的情绪。

## 爸爸带娃实例

一位父亲带一个小男孩去看牙医，小男孩的脸都有些肿了，显然他牙疼得厉害，可能需要接受龋齿治疗，小男孩却因为害怕不敢进入治疗室，父亲态度强硬地将他拽到治疗室，小男孩边挣扎边喊道："我不要，我要回家！我怕疼！"

父亲感到很难堪，因为孩子在医院里大喊大叫。父亲看到等候的其他同龄孩子都在安安静静地坐着等候，于是一股怒火油然而生。

"哭什么哭，你怎么就知道哭！胆子这么小，看个牙医有什么害怕的，赶快把眼泪擦干，你要是再不乖乖地看牙医，我就不管你了，反正也不是我牙疼。"这位父亲生气地说道。

只见小男孩瞬间不敢再哭闹，他战战兢兢地坐到医生的对面，接受医生的检查，而父亲脸上露出了轻松的表情，显然这是父亲希望看到的结果。难道孩子的内心真的接受了父亲的指责吗？他真的不害怕了吗？

这位父亲表现出咄咄逼人的状态，对孩子进行了严厉的批评，只能表明这位父亲是一位压抑型的家长。这样的父亲在生活中并不少见，他们不重视孩子的情绪，他们将悲伤、恐惧和生气等看作是坏情绪，甚至会将孩子的负面情绪当作是错误的情绪。

小周发现儿子放学回来闷闷不乐，经过询问才知道，儿子在学校跟同学吵架了。原来同学冤枉儿子，说儿子偷拿了他的橡皮。儿子解释说自己没有拿，但是同学依然对他不依不饶。小周了解了孩子的情况之后，便坐在儿子身边对他说道："爸爸小时候也经历过这样的事情，你知道当时爸爸是怎么做的吗？"

听了小周的话，儿子不解地看着他。小周笑着说道："我知道自己没有偷拿他的东西，我也向他解释了，但是他不听，那这就不是我的问题了。虽然我也很气愤，但是我不会一直去想这件事情，我玩儿了一会儿喜爱的玩具，然后就忘记了这件事情。第二天到了学校，同学找到了他的物品，我自然也就洗刷了冤情。"

儿子听了小周的话，似乎瞬间明白了什么，儿子开始玩儿他最喜欢的玩具，第二天儿子回到家，开心地对小周说："爸爸，我的同学找到橡皮了，他还跟我道歉了。"

对于孩子来讲，他们的心灵是比较脆弱的，遇到一些自己解决不了的问题或情况时，内心可能会产生负面情绪。我们不要成为"压制型"父亲，去强制压制孩子的情绪，让他们无处发泄自己的情绪。我们也不能成为"排斥型"父亲，直接排斥掉孩子的情绪，不去接受他们的情绪变化。

### 爸爸带娃妙招

一般来讲，在父亲压制下长大的孩子，其自尊感非常低，女孩通常会表现出意志消沉，情绪调节能力差等倾向；男孩则表现为容易冲动，或者具有攻击性行为倾向。既然压制孩子的情绪会产生这么多不利的后果，父亲在生活中究竟要如何应对孩子的负面情绪呢？

#### 1.分析孩子产生负面情绪的原因。

孩子之所以会产生这些负面情绪究竟是因为什么？这是父亲在感知到孩子情绪不稳时首先要考虑的问题。孩子是因为身体不舒服才发脾气，还是在学校和同学闹矛盾而生气；是因为失败而心情不好，还是因为没有得到自己想要的玩具而心情低落；是因为交际能力差而丢失自信，还是因为被别人批评而不自信。总之，面对孩子的情绪，父亲要先了解他们出现负面情绪的原因。

### 2.对孩子表示理解。

如果父亲理解孩子，就要让他们知道你是理解他的，只有这样孩子才能更愿意与你进行交流。所以父亲不要吝啬自己的表达，让孩子明白你是理解他的，只有这样你才能真正了解他们情绪变化的原因。

### 3.站在孩子的角度，帮孩子排解情绪。

在发现孩子产生负面情绪之后，作为父亲要给孩子排解的空间，不要让他们觉得自己心情不好的时候父亲还在给自己讲大道理，完全不理解自己。这个时候父亲最需要做的就是站在孩子的角度上，帮他们排解情绪。

**爸爸带娃方法解读**

爱孩子的父亲会尊重他们的情绪变化，理解他们的情绪变化，并给孩子足够的空间，让他们找到排泄情绪的出口。无论如何，父亲作为孩子最重要的"领路人"，当孩子出现负面情绪时，一定要学会接纳、理解他们的情绪，不仅如此，自己也要努力做一名"情绪管理训练型"的家长。

## 保护孩子的心灵，避免过度刺激

　　小孩子哪儿有什么秘密可言？他们每天都待在父母的身边，父母对他们的一举一动都十分了解，难道还有"隐私"吗？是的，孩子虽然年龄很小，却也有不少秘密。父亲不但不能随意揭穿孩子的"隐私"，还应当适当给予这些秘密一定的保护。

　　有些父亲错误地认为孩子是不存在秘密的，便用肆无忌惮的态度对待他们，即便孩子没有做错事情，父亲还是不放过"诋毁"他们的机会。许多父亲可能不知道，过度地刺激孩子会让他们变得懦弱，甚至会让他们感到无助。

　　作为父亲应该保护孩子的心灵，毕竟他们的心灵是脆弱的。在孩子的内心世界里，父母是他们的全部。如果父亲无端批评孩子，用讽刺的话语刺激他们，孩子会觉得自己十分无助，也会养成自卑的性格。

## 爸爸带娃实例

在一则报道中提到这样的事情：

一个年仅8岁的男孩得了抑郁症，这让心理医生感到十分不解。经过与小男孩聊天，心理医生了解到，小男孩每天承受着很大的压力，原来他的父亲经常数落他。

"我感觉自己很差劲。"小男孩低着头说道。

一个8岁的男孩竟然说出这样的话，心理医生问道："谁告诉你，你不优秀的？"

"我爸爸天天说我是世界上最笨的孩子，因为我什么都做不好，我好像只会发呆。现在我觉得做什么事情都没意思，玩具我也懒得玩，因为玩玩具我也很失败。"小男孩说道。

心理医生在小男孩的口中，几乎听不到一个积极、正面的词汇。显然，这些话并不应该是一个8岁男孩说的话。可想而知，在生活中他的父亲是怎么贬低他、怎样轻视他的。

"其实你很棒，你是我见过最棒的孩子之一。"心理医生心疼地说道。

"真的吗？可是我爸爸说我很差。"小男孩的眼神是那么的无助。

在这个世界上，不乏一些不懂得呵护孩子心灵的父亲，这些父亲总是以自己的喜好为导向，他们看到的只有孩子的缺点，即便有的孩子身上的闪光点不够耀眼，但是也足以让父亲看到。

## 爸爸带娃妙招

要成为一名合格的父亲，就要学会保护孩子的心灵，让他们的内心免受伤害，只有这样才能让孩子感受到更多的正能量，让他们的世界里充满阳光。

**1.与孩子交谈，多用正面词汇。**

"你很棒"和"你不差"给人的感觉是不一样的。对于孩子来讲，积极的词汇更能让他们感到快乐和喜悦，而负面的词汇往往会给孩子的内心增添一层阴影。比如，当孩子犯错之后，父亲如果直接骂他"你真笨"，这无疑会让孩子内心感到十分低落。如果父亲看到孩子做错事情之后，对他说道："虽然你表现得不是那么好，但我知道你不是故意的。"可想而知，孩子的内心除了会意识到自己的错误之外，还会对父亲表示感激。

**2.不要夸大孩子的缺点与错误。**

在孩子的世界里，他们渴望得到家长的理解，即便他们身上有很多缺点，他们也不希望自己的父母不认可自己。尤其是在他们做错事情之后，父亲千万不要夸大孩子的错误，否则会彻底伤了他们的心。

"我将鱼缸里的鱼弄死了，但是我不是故意的，我怕它太饿，所以就多喂了一些鱼食，然后鱼就死了。"小女孩说道，"但是爸爸不这么认为，他说我是故意的，还说我不懂得爱惜小动物，说我残忍。"

生活中不乏这种夸大孩子错误的父亲，也不乏动不动就指责孩子的父亲，要知道父亲的一言一行都可能会伤害到孩子的心，甚至会成为他们一生的心灵创伤。一个懂得保护孩子心灵的父亲，才能够得到他们真正的喜爱和尊重。

**爸爸带娃方法解读**

从思想上来讲，有些父亲会错误地认为"孩子就是我的附属品"。因为孩子还小，什么事情都要依赖父母，无论是上学花钱，还是日常吃喝，都离不开父亲，正因为如此，父亲会将孩子定义为自己的"专属品"，从而想打便打、想骂便骂，根本不考虑孩子的感受，这样的父亲怎么能得到孩子的喜爱呢？

## 换位思考，理解孩子愤怒的原因

通过调查显示，很多父亲在教育孩子的时候会走入固执己见的误区。其原因可能是受到传统家庭教育观念的影响，有些父亲会对孩子形成固定的看法和结论，因此在生活中他们总是以自己的看法和观点来衡量孩子、管教孩子，很少会考虑孩子的感受，其实这对孩子的成长是有百害而无一利的。

父亲不妨换位思考，也就是站在孩子的角度去思考问题，这样才能更容易理解他们，并让他们感受到你对他的理解，否则孩子会认为你不够理解他，甚至还会觉得你不爱他。

你知道孩子需要的是什么吗？是物质满足感，还是来自父母的理解和尊重？显然，孩子希望拥有后两者更多一些。在他们看来，如果父母不理解自己，那么自己所做的一切只能换来父母的指责，孩子会觉得父母不爱自己。

在孩子眼里，他们希望获得来自父母的理解，尤其是在自己生气愤怒的时候，他们不希望父亲指责自己，而是希望父亲理解自己为什么会生气，然而很多父亲却无法满足孩子的这一看似简单的要求。

### 爸爸带娃实例

"往右一点儿，不对，再往左边一点儿，不对不对……爸爸，您又出界线了，怎么回事啊，您真笨！"这是刚上五年级的童童说出来的话。在一节亲子沟通体验课上，老师要求家长蒙上双眼听从孩子的指挥，从起点走到终点，然后拿一个皮球，再将皮球放到篮子里。

爸爸小李听到儿子童童说出这样的话后心里很憋屈，毕竟自己看不到只能听儿子的指挥，所以难免会犯错，但是一次次的错误引得儿子不停地抱怨。

"原来儿子犯了错，我在教育他的时候他就是这种感觉。不仅会感到委屈，还会觉得十分愤怒。"

通过这次活动小李意识到原来自己平时责备孩子，孩子竟然会是这种感受。在同一个活动现场，作为爸爸的王鹏也体会到了孩子的心情。

"我蒙住眼睛找东西的时候，因为总是找不到篮球的位置，所以心里很着急，甚至还有些生气，这个时候我就觉得孩子指挥得不好，所以很想发脾气。"王鹏说道，"我现在明白为什么有时候孩子会发火、会愤怒了。"

这次活动让很多父亲了解了孩子，让父亲明白孩子为什么会生气，为什么会委屈，而生气、委屈的表现在之前父亲的眼中竟然是"莫名其妙"的。

### 爸爸带娃妙招

父亲要学着换位思考，站在孩子的角度思考问题，只有这样才能让孩子感受到你对他的爱。那么，作为父亲究竟该如何去做呢？

**1.父亲要学会换位思考。**

在客观上要求我们能够将自己的内心世界与孩子的内心世界进行有效的连接。比如，情感体验、思维方式等，与孩子进行联系，站在他们的立场上体验和思考问题，从而与孩子在情感上得到沟通，为增进相互理解奠定坚实的基础。

**2.分析孩子生气的原因。**

大部分时候，孩子生气是有原因的。他们与成年人一样，不可能会无缘无故发脾气，孩子生气可能是因为学习的压力、与朋友闹矛盾，等等，不管是哪种原因，父亲要先了解孩子生气的原因，只有这样才能找到缓解他们生气的方法。

**3.不要过多干涉孩子的行为。**

有些家长总是不放心孩子做某些事情，甚至喜欢干涉他们做事情。孩子想要扫地，爸爸会说："别扫了，看你扫得一点儿也不干净。"孩子想要做一个小实验，爸爸会说："真麻烦，别弄了，你还不如去学习呢。"当父亲总是站在自己的角度干涉孩子的行为时，孩子会觉得自己根本没有自由，会逐渐丧失思考的能力。给孩子一定的行为自由，让他们感受到父亲的理解吧！

在这个世界上，无论你希望把孩子培养成为什么样的人，都需要你付出很多精力去了解孩子，尤其是在他们生气的时候，这个时候是我们走进孩子内心的最佳时机。我们不妨分析一下孩子生气的原因，找到化解他们负面情绪的方法，从而让他们更愿意与你交谈。

### 爸爸带娃方法解读

换位思考，其实就是设身处地为对方着想，即想别人所想，理解别人的思维方法和心理变化，这是人与人之间交往的基础。与孩子交往更需要如此，父亲要站在孩子的角度去思考问题，进而帮助他们解决问题，只有这样才能获得孩子的理解，亲子关系才能更加亲密。

## 认真聆听，了解孩子的情感蜕变

父亲应该爱孩子，而不是溺爱孩子；父亲要教育孩子，而不是用简单粗暴的方式来对待孩子；父亲要引导孩子，而不是处处越俎代庖。很多父亲在教育孩子时，不自觉地就会陷入种种误区。其实，在教育孩子的过程中需要我们静下心来，认真聆听孩子的心声，这样才能找到适合自己的最佳教育方式。

聆听孩子的内心是非常正确的教育方式，只有知道了他们心里是如何想的，才能正确引导孩子健康成长。如果在遇到事情的时候父亲对孩子只是一味地发火，反而会使他们的情绪一直压抑着，这对孩子的成长非常不利。擅长教育孩子的父亲很少会对孩子发火，他们善于通过聆听孩子的想法来了解他们的心声，从而找到解决问题的办法。

了解孩子的情感和内心之后，父亲才能真正了解他，在孩子情感上出现波动的时候，才能够帮助他化解心中的压力和不快。

聆听孩子讲话，一方面意味着不管他们说得是对还是错，都要让他们畅所欲言，有什么就说什么；另一方面意味着父亲要耐心地聆听，什么话都能听得进去，并且不要打断孩子，让他们一次说完；更意味着父亲要摒弃"我是大人，我要教育你""我要你听我的"这些思想，只有这样才能真正做到耐心聆听孩子说话。

## 爸爸带娃实例

曾经有一位父亲这样抱怨道："我们家孩子13岁了。现在的孩子也不知道到底是怎么了，跟父母没有话讲。每天回家之后，他就往自己的房间里一钻，门"砰"地一关，就再也不出现了，直到吃晚饭才出来。你说他性格沉闷不爱说话吧，他和同龄孩子在一起的时候总是有说有笑的。同家长说话时就像是和外人说话一样，表现出极不耐烦的样子，这真让人不知该如何是好。这种情况肯定不是我们家独有的，我估计很多家长都遇到过。"

教育专家听了这位父亲的话，问道："您的孩子一直都是这样的吗？"

"那倒不是，之前上幼儿园的时候，回家之后他会讲很多学校发生的事情，嘴都不带停的。他每天放学回来家里都很热闹，就是有时候我回家后还会继续工作，根本没时间听他讲了什么，甚至懒得和他讲话。"父亲说道。

"他想要和您交谈的时候，您不认真听他说话，时间长了他自然不想再和您交流了。"教育专家说道。

在孩子的成长过程中都会有这样一个阶段，即孩子十分主动地与大人分享自己的经历。如果父母不去认真聆听孩子的分享，久而久之他们便不再主动与父母进行交谈，此时父母想要了解孩子的内心世界，就变得十分困难了。

## 爸爸带娃妙招

爸爸在陪伴孩子的过程中需要付出耐心。尤其是与孩子进行交流的时候，要通过耐心的聆听，来了解孩子的内心世界。

### 1.鼓励孩子分享自己的情绪。

与孩子在一起的时候，父亲可以鼓励孩子，让他们分享自己的经历。比如，讲讲在学校发生了什么有趣的事情，孩子一天的心情是怎样的，可以让他们多分享自己的情绪。鼓励孩子分享自己的心情，其实就是在通过分享来了解他们的心情变化，不让孩子将事情藏在心里。

生活中，父亲可以多对孩子说"有什么不开心的事情，都可以告诉爸爸，爸爸会想办法帮你的""你今天在学校发生了什么有趣的事情，可以和爸爸说说吗？爸爸很乐意听"等，这些鼓励性的话语，让孩子明白你关心的不仅仅是他们的学习成绩，更关心他们的心情。

### 2.培养孩子的语言逻辑能力。

在与孩子沟通的过程中，可以锻炼他们的思维能力，增强他们的人际交往能力。有些父亲不注重孩子的内心想法，当他们想要和父亲进行沟通的时候，父亲总是没有耐心和孩子进行交流，甚至会因为一些小事情而责备他们，这是非常不好的行为，时间长了会对孩子今后的成长和人际交往起到阻碍的作用。

### 3.不要轻易打断孩子讲话。

在聆听孩子讲话的过程中，父亲不要轻易打断他们的讲话，因为一旦打断孩子讲话，势必会让他们感到沮丧，甚至会导致他们思维中断，这对孩子专注力的培养也是十分不利的。

有些父亲总是习惯打断孩子讲话，并认为这是一件很不重要的事情，其实这不但会对孩子的思维发展产生不利的影响，还会对父亲与孩子的情感建立产生不利的影响。

父亲陪伴孩子成长需要尊重他们的态度，知道他们的内心想法，这样才能给予孩子正确的教育，才不会让他们的情绪憋在心里。尤其是当孩子的情绪发生变化的时候，一定要及时引导他们，这样才不会让情绪钻了空子，导致孩子闷闷不乐，行为出现偏差。

**爸爸带娃方法解读**

孩子的情感变化往往关乎他们的心理变化，父亲能够及时了解孩子的情绪变化，对他们的成长是十分有帮助的。从一定程度上来讲，父亲关心孩子就需要关心他们的内心世界、聆听他们的心声，当孩子的情绪出现波动的时候，给予更多正面、积极的引导，只有这样才能保证你能够成为孩子眼中的那个"知己"。

# 恰当的时候，表达共情

为什么"共情"这个词语被很多儿童教育专家频繁提及？当孩子的情绪如泉涌一般出现时，作为父亲的你会怎么应对呢？很多父亲会急于安抚、制止哭声，这种看似让孩子停止哭泣的方法，真的对他们的情绪管理有帮助吗？其实，比制止孩子哭泣更好的办法是表达"共情"，这种方法不仅能够帮助父亲缓和局面，还能够起到呵护孩子内心的作用。懂得共情的父亲更容易走进孩子的内心世界。

什么是"共情"？共情指的是同理心、同感心、通情达理等，是体验别人内心世界的能力。有时候孩子发脾气和父亲诉苦，只是想让父亲理解自己，而并不是为了让父亲批评自己。所以父亲要设身处地地理解孩子，让他们感到自己被理解、接纳，这样能够促进孩子进行自我表达和自我探索。

爸爸总是被认为是"粗线条"的，即总是用最粗暴、最直接的方式来教育孩子，而共情教育正是与这种"粗线条"相反的一种教育方式，它要求父亲能够设身处地地为孩子着想。当孩子感受到与父亲的情感相通的时候，他们会更加愿意与父亲进行沟通。

## 爸爸带娃实例

张小雨哭着进了家门，作为爸爸的老张看到儿子哭着回了家，他意识到肯定有事情发生。便走到儿子面前，问："发生了什么事情，你怎么这么难过？"

"今天小强把我最喜欢的文具盒弄坏了。"小雨说道。

"哦，那个文具盒的确很酷，上面有你最喜欢的奥特曼，可是，他为什么会将你的文具盒弄坏呢？"老张说道。

"因为我和他开玩笑的时候拿了他的文具盒，我不小心将他的文具盒摔在了地上，所以他生气了，把我的文具盒也摔在了地上。"小雨说道。

"我明白了，你不是故意摔坏他的文具盒的，但他是故意摔坏你的文具盒的。"老张说道。

"是啊，我又不是故意的，但是他是故意的。"小雨委屈地说道。

"我明白你是多么的伤心，爸爸在小的时候也与好朋友发生过矛盾，当时我也是很生气，并且还对好朋友说再也不理他了。"老张说道。

"我也说了，我说我再也不搭理他了。"小雨不再哭，而是哽咽地说着。

"后来我发现因为一件小事情就影响与好朋友的感情实在是不值得。我甚至觉得对不起好朋友，因为他曾经还送过我生日礼物呢。"老张说道。

小雨不再说话，老张说道："后来我想了想，其实自己也有错，当时和好朋友闹矛盾主要是因为我偷偷拿了他爸爸送他的橡皮，然后还把橡皮弄丢了。"

"爸爸，那您做得不对，您的好朋友一定很喜欢他爸爸送给他的礼物。"小雨说道。

"对啊，所以后来我主动向好朋友道歉，他也向我道歉，我们又成了最好的朋友。"老张说道。

小雨已经忘记了自己的委屈，老张也没有要求小雨给好朋友道歉。第二天，小雨高高兴兴地回到家，兴高采烈地对老张说："爸爸，我和小强和好了，我们还是最好的朋友。我向他道歉了，因为我没有经过他的允许就拿了他的文具盒，还不小心给弄坏了，所以我也有错。小强也向我道歉了，他说他不该故意将我的文具盒摔坏。"

老张听了小雨的话，开心地笑着说道："明天爸爸可以给你买两个一模一样的文具盒，你可以送给小强一个。"

"这个主意真棒！爸爸，谢谢你！"小雨开心地喊道。

对于老张来讲，他在了解了孩子为什么伤心的同时，并没有去制止他哭泣，而是向他表达自己的想法，而且这种想法的表达是通过共情的方式，而非说教式的方法。与孩子表达共情，能够让他们感受到安慰与理解，还能让孩子看到自己的缺点和不足。

### 爸爸带娃妙招

很多父亲可能不知道如何才能真正与孩子共情，我们不妨从以下几个方面着手：

**1.主动倾听并接纳孩子的感受。**

聆听孩子的话语本身就是尊重孩子的一种表现，让他们感受到来自父亲的尊重，自然能够让孩子敞开心扉。不仅如此，父亲要多蹲下来，在孩子的立场设身处地地体验他们的感受，并诚实地向孩子表达自己的感受。

**2.不要从自己的角度去思考孩子的问题。**

尤其是面对影响孩子情绪的事情时，父亲不要急于用否定、拒绝、建议、提问的态度与孩子进行交流，更不要让他们感受到来自父亲的不屑与漠视。对待孩子的问题，有的父亲表现出来的是过于关心，而有些父亲表现出来的是冷淡，这都不是正确的与孩子沟通的方式。

**3.放下道理、权威和评判的习惯姿态。**

将自己置身于孩子的位置，用他们的思维去思考问题。当孩子的想法与父亲的想法出现不一致的时候，父亲不要一味地批评、抱怨孩子，更不要采取"我吃过的盐，比你吃过的饭还多"这种强硬的态度，将自己的观点强制放在孩子身上。经验是很重要，但并不能完全复制。

**4.在不确定孩子的真实想法时，父亲可以直接开口询问。**

在询问的过程中一定要注意自己的语气，同时向孩子反馈自己的想法，确认自己和孩子的理解不存在偏差。

**5.静静地陪伴孩子，也是一种共情。**

作为成年人，我们有时候遇到不开心的事情时，也不愿意与别人交谈，我们希望保持安静的状态，不愿意听到别人喋喋不休。所以，当孩子遇到不开心的事情时，我们可以陪伴在他们身边，但是不要急于开口。在这个过程中，我们只要保证自己与孩子站在同一个角度去进行体验即可。当孩子因为新事物的出现而产生恐惧心理时，我们要善于用自己的亲身经历与他们一起应对，帮助孩子摆脱这种恐惧心理。同样，在与孩子进行交流的过程中，我们更要学会关注他们的积极情绪，这不但对孩子的成长有利，还会让他们养成乐于分享快乐的习惯。

共情的主要目的是为了能感受和了解孩子的想法，尤其是要让他们知道父母理解他们，让孩子愿意认真地与父母进行交流。理解孩子，并不意味着事事要按照他们的想法去做。表达共情与坚持规则并不矛盾，这只不过是一个执行先后顺序的问题，我们需要先共情，再遵循规则，最后再解决问题。

## 爸爸带娃方法解读

聪明的父亲在了解孩子情绪变化的时候，会常用"你感到……，因为……"，而不是"我觉得……"。当父亲站在孩子的角度去思考他们遇到的问题时，自然能够理解孩子为什么会愤怒、为什么会委屈、为什么会开心地笑，只有了解了孩子的真实感受，才能让他们感受到父亲是理解自己的，从而更愿意与父亲进行交流。

# 后　记

"子不教父之过"，在家庭教育中父亲的地位是不容忽视的。随着社会的发展，各种关于父亲教育孩子的方法涌现出来，有的父亲遵循"虎爸"策略，认为"棍棒之下出孝子"；有的父亲认为"零陪伴"一样可以教育好孩子。我们暂且不论这两种观点是否正确，但是对孩子如果只有苛责，没有鼓励，他们的生活怎么会快乐？他们怎么能感受到来自父亲的爱呢？

我们谁都不希望父亲只是家庭的"权威"，更不想让他成为孩子心目中那个冰冷、严酷、毫无乐趣可言的"冷面父亲"，我们希望父亲能够成为一个温暖、智慧、充满情趣的"情感爸爸"。在孩子的世界里，他们需要来自父亲的关怀和鼓励，更需要来自父亲的指引与帮助。父亲不应该是孩子眼中那个可有可无的人，也不应该是那个只懂责备、不懂夸奖的"暴躁狂"。父亲也不应该是那个不懂温柔与赞美的人。要知道，孩子需要赞美之声，需要来自父亲的认可与认同。

　　爱孩子，不妨大胆地表达出你的爱。用父爱去温暖孩子的内心，成为他们成长道路上的伙伴，成为家庭中最懂他们的那个人。

　　父爱不应该成为孩子的"奢侈品"，而应该是他们成长的"必需品"；父爱不应该是不苟言笑的"代名词"，而应该是智慧的"明信片"。